クラス全員が力を発揮する！

5年生担任のための国語科指導法

―互いに高め合う学級集団で学力を伸ばす―

土居正博 著

明治図書

はじめに

『〇年生担任のための国語科指導法』（以下、『〇年生国語』）シリーズも本書で5冊目です。今回は5年生です。

実は、私の担任回数が最も多いのが5年生です。

そのため、本書は、とりわけ豊富な実践の中から抽出した実践を載せた一冊になりました。

5年生は、高学年になり、集中力も気力も高まり、教師がその気になれば本当に様々な実践をすることができる学年です。

私自身、5年生での実践を振り返ると、とても楽しい思い出が蘇ります。

本書では、それらの具体的実践を多く記載しつつ、指導理論を導き出していきたいと思います。

シリーズ他学年同様、本書でも、一貫して「国語指導で学級をつくる」という主張のもと、様々な国語科の領域の指導を具体的に紹介しつつ、その指導を通して学級経営も進めていけるような指導の在り方・方法も紹介していきます。

なぜ国語科指導で、国語の授業で学級をつくれるかといえば、主に二つ理由があります。

第一に、国語は他の教科の学習にも深く関わる基礎教科だからです。

社会科も理科も算数も、基本的には国語を使って学習することになります。教科書も日本語で書かれていますし、話し合いだって日本語で行うからです。体育カードを書くときにも、日本語を使って書くわけです。

ですから、本書を武器に子ども達の国語力を高めていけば、それは他の授業の充実にもつながります。国語だけでなく他教科の授業も充実していけば、子ども達の学校生活全体が充実していきます。子ども達の学校生活のほとんどは授業だからです。

第二に、国語は授業時数が多いからです。

低学年・中学年ほどでないにしても、やはり5年生も非常に国語の授業時数が多いです。（標準時数175時間）

授業時数が多いということは、それだけ、その授業での指導を子ども達に浸透させやすいということです。

このような理由から、私は「国語指導で学級をつくる」ということを、本シリーズ『○年生国語』で一貫して主張しています。

シリーズ5冊目となる本書『5年生担任のための国語科指導法』でも、国語指導を通して、5年生の子ども達の学習意欲や言葉の力を伸ばし、子ども達の前向きなエネルギーを引き出し、学級経営をも円滑に進めていく指導法を具体的にご紹介していきます。また、単に実践群を羅列していくだけでなく、できる限り国語科教育学や教育心理学などの理論にも触れていきたいと思います。

本書を武器に、5年生への指導を愉しんでいただければ幸いです。

土居　正博

目次

2 話すことの指導

3 話し合いの指導

第2章　書くことの指導

第3章　読むことの指導

第4章　ことば〔知識・技能〕の指導

資料編　ACTIVITY一覧

序章

5年生の子ども達と国語授業

1 5年生の子ども達は教師が驚くような力を発揮する

5年生の子ども達は、高学年という括りになり、いよいよ学校全体をリードしていく立場になっていく時期です。このころ、学級や学年という枠に留まらず活動する委員会活動などもスタートしていきます。

5年生の子ども達は、小学校全学年を見渡してみても、やる気と気力と体力と知力とがかみ合ってきていて、教師の働きかけ次第で充実した時間が過ごせる学年だと私は思います。子ども達は、一度やる気になりのめり込むと、こちらが止めるまで、あるいは止めても学習を続けますし、家でも保護者が驚くくらい熱心に取り組むようになります。学習の成果も、こちらの想定をはるかに超えてくるような成果を出すこともあります。そして、そうした「熱」を持った一人一人が、学級という集団の中でお互いに刺激をし合い、さらに高め合うのです。指導している側も、「負けていられないな」という思いを強く持ちます。

例えば、下の写真は、何だと思いますか。これは、5年生を担任したある年、「大造じいさんとガン」を学習した後の学習のまとめの作文を書かせたものです。

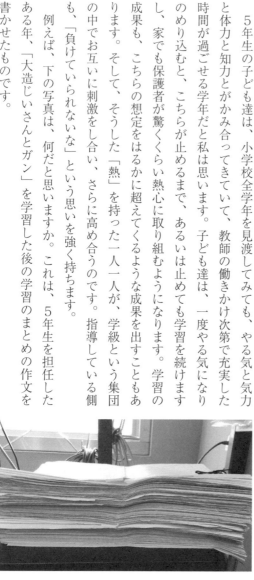

一人一人がものすごい「熱」で学習作文を書き続け、秋に「大造じいさんとガン」を学習してから（現行教科書では5年生最後の文学教材になっていますが、当時は秋でした）3月まで自主的に書き続けた子もいたほどでした。結局、この作文だけでクラス全体で千枚を超える原稿用紙が使われました。100枚を超える子も数人いて、一人平均25枚ほど書いていた計算になります。ある子は、授業で話し合ったことをさらに自分で考えを深め、文章に書き連ねていました。またある子は、椋鳩十の他の作品を分析し、「大造じいさんとガン」と比較して考察していました。

下の写真は、年度末の漢字テストです。このテストは5年生で学習する193字がすべて出題されるものです。出題されている以外の用例の漢字を千個以上書き込んで提出されたテストです。「これまで勉強してきたことを発揮したくて」と言いながら頑張っていたこの子は、晴れ晴れとした表情でテストを提出してきました。

こうした、指導する教師も驚くような5年生の取り組みは、枚挙に暇がありません。本当に、教師の指導次第で、どこまでも果てしなく伸びていく、という印象があるのが5年生の子ども達です。知識や経験も豊富になってきており、少し難解な概念や話も理解できますので、教師の指導

をどんどん吸収していってくれるのです。指導していて、非常にやりがいを感じますし、楽しくて仕方がありません。

2 国語授業で5年生の学級をつくる

一方、こんなにすべてがかみ合ってうまくいくクラスだけではないのも、残念ながら事実です。5年生ともなると、一人一人が持つ力も大きくなっており、行動やその範囲も大きくなります。教師が子ども達からの信頼を失い、子ども達が教師の声に耳を傾けてくれなくなると、立ち歩きや脱走、授業妨害など、一気に学級崩壊のような状態になってしまうことも少なくありません。

また、近年特に増えていると感じるのが、そういった逸脱行為や妨害行為など目立つ行為はないものの、陰湿ないじめやシラーっと常に冷めていて何にもやる気を示さないといった、隠れた学級崩壊のような現象です。このような状況に陥ると、授業そのものは静かに進んでいきますが、誰一人発言しなかったり、子ども達が全く意欲を示さなかったりします。もしかしたら、派手な学級崩壊よりもつらい状況と言えるかもしれません。次章以降でも触れますが、高学年の子ども達は「やれるのにやらない」という「手を抜き始めるころ」です。できるのに返事をしない、考えがあるのに自分から話さない、放っておくと高学年はこのような状態になりがちです。

こうした状況に陥るのを避け、前項でご紹介したように、子ども達が生き生きと学校生活を送り、学習に夢中にしていくためには、やはり授業の充実が最も重要です。授業は毎日、毎時間行われているからです。

あそびやアクティビティを通してクラスの一体感をつくる、というやり方が今は一般的かもしれません。しかし、そこで生まれる一体感は、あくまでも一時的なものです。その後、授業でも発揮されなくては意味がありません。あそびはあそび、授業は授業と子ども達の中で切り替わってしまっては意味がないのです。もちろん、あそびやアクティビティを提唱する方たちは、授業でも子ども達を生き生きとさせ、つなげる工夫をされているから、よいクラスをつくれていると思います。そうしたことを抜きにして、「あそびをすればいいクラスをつくれる」などと捉え、授業を軽視していると、痛い目を見ます。

5年生は、うわべだけのことはすぐに見抜きます。逆に、先に挙げたように漢字テストに知っている熟語をたくさん書き込むなど、少し大変だけれど知的で興味のわくことであればいくらでも力を発揮します。むしろ、少し大変くらいのことは、よい歯ごたえと捉えて乗り越えていくことができます。しかし、うわべの「楽しさ」だけで子どもを引っ張ろうとすると、高学年の子たちはすぐにその浅はかさを見抜いてきます。高学年を充実させていこうと思うと、「知的」な授業がやはり欠かせないのです。

あそびをする時間は時間割にはありませんが、授業をしないで済むクラスは一つもありません。言い方を変えれば、授業から逃れられる教師もいなければ子どももいないのです。

授業では「学習」が行われますから、そこで子ども達を知的に満たしつつ、エネルギーを思いきり使えるようになれば、それは間違いなくプラスの方向にエネルギーを使えていることになります。

授業を通して、子ども達を知的に満たし、エネルギーの向きをプラスの方に、学習の方に向けてやるようにすると学級全体がうまくいくようになります。学校生活のうち、ほとんどが授業だからです。やはり、我々教師は授業で勝負すべきです。この事実から逃げてはいけません。

そして、一口に「授業で勝負」といっても、はじめからいきなり全教科の授業を充実させていくことは難しいものです。

まずは一つの教科に絞って研究・研鑽を進めていくと、それがやがて他の教科の授業づくりの際にも生かされていきます。

そこで、国語授業に注目してみましょう。

国語授業は175時間もあります（標準時数）。

低・中学年のときよりも若干減ってはいるものの、いまだに全教科の中でトップの数字です。

ほとんど毎日国語の授業があります。

その国語の時間が子ども達にとって充実するかしないかは、非常に大きな問題です。

さらに、こうした数字の面に加えて、「はじめに」でも述べたように、国語授業で培う言葉の力は、他教科でも生かされるという質の面も、国語授業に力を入れるべき大きな要因の一つです。

我々人間は、基本的に言語を用いて考えています。そして、言語を用いてその考えを表現します。

こうした言語活動は、国語科に限らず、他教科でももちろん行われます。

そもそも他教科の教科書も日本語で書かれていますから、それを読むことができなければその教科の学習が成り立ちにくくなります。また、他教科の授業においても、自分の考えをノートに書くとき、話し合うときには日本語を用います。このような、他教科において言葉の力が用いられる例は枚挙に暇がありません。

ですから、国語科で子ども達の言葉の力を伸ばすことは、間接的に他教科の学びも促進するのです。国語科で子ども達にしっかり力をつけられれば、他教科の授業の充実にもつながり、それは子ども達の学習全般の充実につながります。そしてそれは、子ども達の学校生活の充実にもつながっていきます。

このように、数字の面からも、そして質の面からも、私は「国語授業で子ども達を育てる」ことを一貫して主張しています。

5年生に対しても、同様です。本書では、国語授業を通して、子ども達を知的に満たしつつ、エネルギーの向きを学習に向け、望ましい成長を促すような指導法を紹介していきます。

3 5年生の国語科指導基本方針

5年生は、4年生までよりさらに学力差が大きくなり、固定化されてきている時期です。学習内容もさらに高度になり、抽象的に思考しなくてはならないことも増えます。そのような中、5年生に対してどのような方針で国語科を指導していけばよいでしょうか。

ここでは、ポイントを二点述べます。

第一に、これは本シリーズのどの本でも主張していることですが、国語科の指導内容の中でも基礎・基本に当たる漢字と音読の指導に力を入れていくことです。

先にも述べたように、国語科自体が、他教科にも大きく影響を与えるような「基礎教科」と言えますが、国語科の教科内容の中でもさらに「基礎・基本」と言えるような指導内容、つまり「基礎の基礎」とも言えるようなものが漢字と音読であると私は考えています。

高学年になって、学習内容がさらに高度になったからといって、難しいことばかり授業でやっていては、どうしても基礎・基本が身についていない子たちは置いてきぼりになってしまいます。例えば、漢字や音読もろくにできないのに、高度な読解ばかり授業で扱っていても、それは砂上の楼閣を築くようなものです。

まずは、高学年の子ども達であっても漢字や音読の学習に意欲的に取り組み、それらの力をしっかりつけることを意識して国語科指導に臨んでいきましょう。難しいことばかり授業でやっているよりも、大きな差が生まれます。子ども達が、特に学習が苦手な子たちが「これなら自分もできそう！」と思い、積極的に学習するようになるからです。漢字や音読は、達成感や成長感を得にくい国語科の中では比較的それらを得やすい指導内容です。積極的に自分から学習し、確実に成長できた！という感覚を子ども達が持つことは、一年間指導をしていく上で非常に重要です。漢字や音読の指導を通じて、基礎・基本を固めつつ、こうした感覚を子どもに持たせ、指導を軌道にのせていくのです。

第二に、基礎・基本を伸ばしつつ、少しずつ高学年らしい歯ごたえのある学習を盛り込んでいくようにすることです。高度な学習内容を学ぶ際も、基本的には書かれている漢字がしっかり読め、スラスラ音読ができることは欠かせません。これらの積み重ねがあってその上に高度な学習内容が成り立つのです。もちろん、よく本を読む子などはじめから基礎・基本がしっかり固まっている子たちもいます。ですが、教室はそのような子たちだけではありません。

そのため、教師による指導のデザイン、計画性が重要になります。年度のはじめのうちは漢字や音読といった基礎・基本に重きを置きつつ、時折学習が得意な子たちも熱中できるような歯ごたえのある発問や学習活動を織り交ぜていき、その子たちも満足させつつ単元を進めていく。そして、子ども達が育ってきた様子であれば、徐々に歯ごたえのある学習内容を増やしていく……というように、子ども達の実態、育ちに合わせて指導を柔軟にデザインしていくことです。

言わずもがな、授業は子ども達のために行うものです。高度なことをするためにする、とにかく読みを深めるためにする、というものではなく、子ども達に力をつけるためにするのです。よって、子ども達の実態に合っていないと意義が薄れるのです。

ですから、教材研究を深めて、こういうことを子ども達に考えさせたいな、ということが増えていったとしても、実態に合っていない、少し難しすぎるなと思ったら、思いきってその案は封印することも必要です。とにかく実態に合っていることをすべきです。逆に、この子たちならこれくらいしかできないだろう、と高を括って子ども達の実態よりも授業のハードルを低くしすぎないようにすることも大切です。子ども達は「少し背伸び」をさせるくらいが一番やる気を出します。

このように、子ども達の実態に合った単元デザイン、年間指導デザインをしていくように心がけていきましょう。もちろん、一度計画したら終わりではなく、子ども達の育ちに合わせて、こまめに修正していくようにします。この心がけがあることで、目の前の子どもに対して効果的な指導をすることができるようになっていきます。

4 高学年特有の指導すべき事項

本章の結びとして、高学年の国語科において重点的に指導すべき事項について述べていきます。これは、前項では「高度な学習内容」「歯ごたえのある学習内容」などと表現していたことに当たるでしょう。

それは、「**関連づけること（結びつけること）**」です。

例えば、物語を読むときも、叙述と叙述とを関連づけ、文脈を捉えます。そしてそれを生かして行間を推測したり、物語の全体像をつかんだりします。

ある叙述とある叙述とをバラバラに捉えるのではなく、自分の頭を使って共通性や相違点を発見して関連づけて意味を見出していくのです。

さらに、叙述だけでなく高学年では指導要領で「描写」という言葉も登場します。叙述が物語を進める上で欠かせない文なのに対し、描写は一見物語を進める上では必要のない文です。情景描写などがこれに当たります。

一見必要ないものに対しても、それまでに叙述から捉えた文脈と結びつけることで意味を見出していくことが求められるのです。例えば、「大造じいさんとガン」では、大造じいさんが自分の考えた作戦に対する期待や高揚する気持ちを情景描写で表現しています。一見、物語を進める上で「秋の日が、美しくかがやいていました。」という文は必要ありません。それなのにわざわざ情景が描かれていることに対し、自分が読み取った文脈と「関連づけて」、意味を見出していくというわけです。

高学年の教材になると、直接的に「○○は喜びました。」とか「○○は悲しみました。」などとは書かれず、こうした描写を通して人物の心情が描かれることが増えていきます。こうした表現を味わい、読み取れるようになるには、「関連づける」という思考が欠かせないのです。

西郷竹彦（1991）では、小学生に身につけさせるべき「ものの見方・考え方」の系統案が示されていますが（p.3）、そこでもこの「関連」は最後に位置づけられており、高学年で学ばせるべきことと位置づけられています。

また、書かれていることを関連づけて、書かれていないことを読み取ったり思考したりするという意味では、国語科におけるあらゆる目標を分析し階層化し、その系統化を目指した井上尚美（2005）でもこうした力は「認識の拡充・深化」と呼ばれ、目標の階層のうち最も深いところに位置づけられています。

このように先行研究に目を向けると、「関連づけること」は非常に高度な学習だと言えることが改めて明らかになります。かなり難しいことではありますが、まずは教師が「この教材で子ども達に関連づけさせるには……」という視点を持って教材研究に臨んでいくことで、そのヒントが見つかってくるでしょう。

子ども達が「関連づけること」ができるようになってくると、思考が非常に深まりやすくなります。時には、「あのとき学習した文章にもあったように……」と教材の枠を飛び越えて、また時には「理科でも学習したけれど……」と教科の枠を飛び越えて、物事を関連づけて思考できるようになっていくからです。このように考えると、子ども達に「関連づける」力をつけさせることは、国語科の力をつけるということ以上の価値もあることが見えてきます。言葉の力を育てるのが国語科の使命です。そして、それはほぼイコールで、考え方やものの見方を育てることでもあるのです。子ども達は、いや私たち人間は言葉を用いて考えているからです。そのような意識で国語科指導をしていきましょう。

第1章

話すこと・聞くことの指導

話すこと・聞くことの指導において、まず取り組むべきなのは「よい聞き手」を育てることです。これは、低学年であろうと中学年であろうと高学年であろうと、変わりません。なぜなら、聞くことができて初めて話す力を伸ばすことに取り組めるし、話し合う力の育成にも取り組めるからです。子ども達の話す力を育てるときも、話し合う力を育てるときも、話している子以外の子がしっかりと聞けていなければ、そもそも学習活動が成り立ちません。

このことは、話すこと・聞くことの指導という観点だけでなく、読むこと等他領域の授業においても同様です。国語科のみならず他教科の授業をつくっていく際にも、ひいてはよい学級をつくっていく際にも、まずしっかり聞けるように育てていくことは、非常に重要であり欠かせないことです。

ですから、教師は「よい聞き手」を育てるということを念頭に置き、指導に当たっていきましょう。具体的には、子ども達の聞く力と聞こうとする姿勢を育てていくことです。

さて、子ども達の聞く力や聞く姿勢が育ってきたら、それに伴って自然と話す力や話し合う力もバッチリ育っていくかといえば、そうではありません。また、聞く力もその後ずっと伸び続けるかといえば、そうでもありません。必ず頭打ちすることになります。

そこで、次に子ども達の話す力を育てていくことに注力していきます。話す力を伸ばしていくことで、結果として聞く力も相乗効果で伸びていくようになるのです。話す力を伸ばす指導をし始めると、子ども達の話し手としての意識が強くなり、その結果「上手な話し方」や「話し方の工夫」などの面に向くようになります。そうすると友達の話を聞いたとき、それらを敏感に聞き取るようになっていくのです。また、流暢に話すことができるようになっていき、話す情報量も増えるので、聞く側の聞く力もさらに育っていきます。

このように、話すこと・聞くことには相乗効果があります。これは、指導要領でも「話すこと・聞くこと」とまとめて示してある理由の一つでもあるでしょう。

こうして話す力を育てることに注力しつつ、話し合う力も育成していきます。話し合う力を育てていくためには、話す・聞く力を育てつつ、話し合いに関して明示的に指導していくことです。実際に話し合いをする中で、話し合う方法やそもそも話し合う意義について子ども達に気づかせ、指導していくようにします。

このように、一口に「話すこと・聞くことの指導」と言っても、単に子ども達に話させたり聞かせたりすればよいのではなく、教師による明確なビジョンと戦略のもと進めていかなくてはいけないのです。まず聞き手を育て、その後話す力を高めていくことで聞く力もさらに高めていき、話し合いの指導を積み重ねていく、という流れです。本章では、それぞれを詳しく見ていきます。

1 聞くことの指導

(1) 聞くことの指導において重要なこと

聞く力は、主に態度面と技能面とに分けて捉え、指導していくべきです。

態度面とは、相手の方を見て聞いている、うなずきながら聞いているなどです。私が考えるに、これまでの聞く指導は、この態度面に偏りすぎていました。

「静かに聞きましょう。」「相手の方を見て聞きましょう。」と、国語授業だけでなく毎日毎日教師は言い続けています。話を聞くときの合言葉を決めているクラスも散見されますが、私が見てきた中ではそうして設定された合言葉のほとんどが態度面でした。

確かに、静かに聞くこと、相手の方を見て聞くことは重要です。特に、礼儀が重視される日本においてこれら態度面の指導をすることは大切なことです。

しかし、態度面だけの指導をもって、子ども達の聞く力の育成ができたと思っていてはいけません。こうした態度面だけの指導は、子ども達は低学年のころからされ続けてきて飽き飽きしており、あまり効果はないからです。また、先に述べたように聞く態度をよくすることは聞く力の一部に過ぎないからです。極端な話、背中を伸ばして相手の方を見て、うなずきながら熱心に聞いている態度でも頭の中で他のことを考えていたら全く相手の話の内容を覚えていないことだってあり得ます。

それなのに、聞くことの指導となるとどうして教師の指導は態度面ばかりに偏るのでしょうか。

それは、子どもがしっかり聞いているかどうかは目で見て態度面からしか分からないからです。顔をあげて話し手の方を見てうなずきながら聞いている子と、手いたずらをしながら話し手を全く見ずに話を聞いている子とでは、明らかに前者の方が「しっかり話を聞けている」と評価します。そして、後者は「聞いていない」と評価し、「○○さん、ちゃんと聞きなさい。」などと指導します。もちろんその判断が正しいことも多いですが、正確に言えばこれは前者の方が「しっかり聞く態度ができている」「よく聞いているように見える」ということなのです。もしかしたら、後者の方が聞く態度はよくなくても、話の内容を覚えていたり、要点を押さえていたりすることもあるかもしれません。このように考えてみると、態度面に偏った聞くことの指導というのは、「教師から見てしっかり聞けている態度で聞く」ように子どもを育てているとも言えます。

もちろん、「しっかり聞いているように見える」というのは、話し手にとってはよいことですから、そういう態度を取れる聞き手に育てることは大切です。ここで問題視しているのは「偏り」です。多くの教師が、聞くことの指導をする際、態度面ばかりを指導して満足してしまっています。それでは、子ども達の聞く力の一部しか育てることはできないのです。そして、それは、子ども達に「こうやって静かに聞いているように見せればいいんだ」という誤学習をさせている可能性すらあるのです。

国語科の聞くこと指導だけでなく、クラスをつくっていく上でも、子ども達の聞く力を育てていくことは重要です。しかし、聞く力を育てることが大切だからといって、それを「聞く態度」だけだと勘違いして育てていくと、子ども達の力を伸ばしきることができません。ですから、まずは教師が聞く力には二つの側面があることを踏まえて実践していくことが大切です。

(2) どのように技能面を育てるか

さて、それではどのように技能面を育てていけばよいでしょうか。

態度面は目に見えやすいからその指導に偏りがちだということを述べましたが、反対に、技能面は目に見えにくいという特徴があります。一人一人の子どもが「よい態度で話を聞いているか否か」は、目で見えてすぐに判断できます。しかし、一人一人の子どもが「話の内容をしっかり捉えているか」は、脳内で起きていることですから目では見えません。

この問題を解決するには、「話させること」が有効です。聞いた話の内容を話させたり、話を聞いて考えたことを話させたりするのです。しっかり聞けていないと自分の口で話すことはできません。

ですから、子ども達の聞く力の技能面を育てていくには、事あるごとに「話させる」ようにしていくことが重要なのです。つまり、態度面だけの指導では子ども達が「聞く」だけになっていたところを、「話す」をセットにして聞く指導をしていくということです。

このように、話すことをセットにして聞く指導をしていくと、メリットが多くあります。

第一に、子ども達一人一人の聞く技能面が手に取るように分かります。態度面に偏った指導をしていたときとは打って変わって、話をしっかり聞けていたか、話の中心を捉えていたかなどが如実に分かるようになります。よい態度で聞いていたのに意外なほど話の内容をつかめていないことも分かってきます。これは、子どもが悪いのではありません。教師が聞く技能面を育てられていなかったことを表します。しかし、そういう実態が分かれば手を打っていくことができるようになります。

第二に、子ども達が「発信型」になっていきます。静かに聞いてさえいればよかったとき、子ども達は「受信型」の態度で、非常に受け身になっています。静かに、よい態度で聞いてさえいればよいので結局は頭の中が受動的で、話の内容を積極的につかみにいっているという感じではないのです。

一方、話すことをセットにすると、ただ話を聞くだけでなく、その後に自分がそれについて話さなければならないので、積極的に話の内容をつかみにいき、それを話そうと能動的な聞き手に育っていくのです。やってみると分かりますが、この違いは非常に大きいものです。

このように、子ども達に話させることを聞く指導に取り入れていくことで、技能面の指導ができるようになり、能動的な聞き手に育てていくことができます。

(3) 話すことをセットにして、聞く力の段階的な育成を図る

そのため、話すことをセットにしつつ、聞く力を段階的に指導していきましょう。いきなり高度なことを子どもに求めてしまうと、なかなかうまくいかず、子ども達の意欲を低下させてしまいます。それよりも、ほとんどの子が着実に取り組めることから始めていくことが、クラス全体の意欲を高めていく上で重要です。

私は、おおまかに次のような段階的な聞く力の育成を考えています。

- 聞こうとする態度を養う
- 話の内容をそのまま聞き取る
- 話の内容をまとめる（要約する）
- 話に対する自分の考えを持つ
- 話の工夫やよいところを見つける

次項からは、それぞれの段階の指導についてさらに具体的に見ていきましょう。

(4) 聞いた話を再生させる―友達の話、教師の話―

→資料編167ページへ

まずは、「聞こうとする態度を養う」ことと、「話の内容をそのまま聞き取る」段階の指導についてです。これらは、聞いた話を再生させる、つまりそっくりそのまま話させることで同時に指導していきます。

態度を「静かに聞いている」「相手を見て聞いている」という見た目だけで評価せず、聞こうとしてさえいれば必ず聞き取れる程度の話を「再生できる」かどうかという技能的な側面でも評価していくこと、つまり態度面と技能的な聞く力の面とを同時に指導・評価していくことが有効です。具体的に言えば、教師からの簡単な話や指示、友達の話の後に、「今言ったことを言える人?」と尋ね、再生させていくのです。

子ども達に、「静かに聞くこと」「相手の方を見て聞くこと」など態度面だけを求めずに、聞いたことを自分の口で再生できる、という技能的な聞く力も求めていきます。そうすれば、自ずと子ども達は静かに聞かざるを得ませんし、相手の方を見て聞かざるを得なくなっていきます。そして、子ども達はただ静かに聞いているだけでなく、それを積極的にアウトプットする「発信型」になっていきます。積極的に情報を得ようとするようになっていくのです。

「静かに聞きましょう。」と直接的に指示するよりも、「今、先生が言ったことを言える人?」と尋ね、それをしつこく求めていく方が、結果的には聞く態度面も大きく変わっていきます。

重要なのは、ついさっき言われたことを再生することは、全員がその気になればできることなので、教師はある程度譲らない姿勢を見せることです。

「今、先生（友達）が言ったことを言える人？」と尋ねた際、ほとんど手が挙がらなかったとしたら、そのような状態を放っておいてはいけません。「今、言われたことですよ。それが言えないのであれば、この先授業など進められません。もう一度聞きます。言える人？」などと、「言えるけれど手を挙げない子たち」を制していかなくては、本当に話を聞けない子たちへの指導までたどり着きません。子ども達が「受信型」なのを放っておかず、静かに聞いていればOKとせずにアウトプットまでしつこく求めて「発信型」に育てていくのです。

こうしたことを繰り返していき、尋ねたら大多数の子が「はいっ！」と挙手するようなクラスの雰囲気にしていくことが大切です。そうすれば、話を聞くのが苦手な子も、いよいよ「自分もしっかり聞かなくては……」という気持ちになっていきます。

このように、子ども達の聞く態度面は、「話をそのまま再生させる」という、必ず誰もができる活動を通して、指導・評価していきます。一人一人を「発信型」に育てて、クラス全体に「しっかり聞こう」「自分の口で言えてこそ聞いたと言える」という雰囲気、価値観を根づかせていくのです。

(5) 国語科以外でも鍛える―他教科の授業、教師の指示、朝会や行事―

このような、聞いた話を再生させていく指導は、国語科の授業中に限られたものではありません。むしろ、子ども達に聞く態度をしっかり根づかせていくためには、国語の授業中以外にも積極的に指導していくべきです。

例えば、他教科の授業中でも、子どもに意見を言わせた後に「今の○○さんが言ってくれた意見、もう一度言える人?」などとクラス全体に尋ねることも有効です。また、朝の会で教師が一日の予定を説明したとします。その後、「それでは、1時間目は何をしますか。分かる人?」などと尋ね、クイズ感覚で再生させていく方法もあります。さらに、全校朝会の後に、「今日は○○先生が夏休みの注意点三つをお話されましたね。一つでも覚えている人?」などと尋ねて再生させていくこともできます。このように、教師が少し意識を持つだけで、ひとまとまりの話の後に、子ども達に再生させていくような場面はいくらでもつくれます。

こうした指導をしていくと、子ども達に対して「今日は朝会ですからしっかり話を聞きましょう。」などと直接的な事前指導をしなくともしっかり聞くようになります。

こうした日々の指導の基礎があって、その上に国語科の「聞くこと」の単元の学習がのってきます。逆に言うと、話を聞く態度も再生することすらもできないのでは、「聞くこと」の単元の学習を行ったとしても、その効果は薄いのです。

(6) 聞いた話をまとめさせる

次に、「話の内容をまとめる(要約する)」段階の指導についてです。

高学年からは子ども達の「抽象思考」が伸び始めます。「聞く力」を育てるときにも、この「抽象思考」を育てることを少し意識してみるとよいです。

具体的には、「聞いた話を一言で言うと……?」などと、自分が聞いた話をそのまま再生させるのではなく、自分で一言にまとめて言うようにさせるのです。これだけで、「聞く」活動としては一気にレベルアップします。話の内容を「抽象的」にまとめなくてはいけなくなるからです。（このような指導は、必ず前段階の「聞く態度」及び「話をそのまま再生する」ということをクラスのほぼ全員ができてから、取り組むようにします。）

まとめさせる際は、「まるっきり話通りの言葉でなくてもよい（自分の言葉を付け足すなどしてよい）」「なるべく短くする」ことを子ども達に伝えていきます。はじめからできる子は少ないですが、繰り返したり、ポイントを伝えていったりすることで、クラス全体ができるようになっていきます。

（7）話に対する自分の考えを持たせる

↓資料編168ページへ

聞いた話の内容を自分でまとめることができるようになってきたら、今度は聞いた話に対する自分の考えを明確に持てるように指導していきましょう。

といっても、指導方針はこれまでと同じ、「話すことをセットにする」です。今までは相手の話の内容を発信することを求めていたのに対し、ここからは相手の話の内容に対する自分の考えを発信することを求めていくのです。

具体的には、話を聞いて「自分はどう思うか」ということを問うようにしていきましょう。

いきなり「どう思うか」では難しい場合は、「賛成？　反対？」と二択にするなどして、自分の考えを持ちやすい工夫をしていくとよいでしょう。

(8) 話の工夫、よかったところを見つけさせる

その上で、子ども達が話を批判的に聞けるとさらによいでしょう。「批判的」というと、不足点を指摘したり矛盾点に気づいたりと、揚げ足を取るようなことが想像されがちですが、それだけが「批判的」という意味ではありません。

吉川芳則(2017)によれば、よいことはよいと評価することが本当の意味で「批判的」であるとされています。そうとは知らず、子ども達に否定や指摘ばかりさせていては、単にあら捜しの上手な子に育ってしまうだけです。よって、子ども達には、「相手の話の足りないところを考えながら聞いてごらん。」と投げかけるよりも、「相手の話のいいところを考えながら聞いてごらん。」と投げかける方が、より自然にできると思います。クラスの雰囲気をつくっていくという観点からも、相手の話のよさを見つけさせる方が適しています。

話の内容をしっかり聞き取り、自分の言葉でまとめることができるようになってきたら、今度は話の工夫やよさを見つけさせるようにし、それをクラスで共有していくようにしましょう。

具体的には、次のようなものが出てくるとよいです。

- ナンバリングを使っていた。
- ラベリングを使っていた。
- 最初に自分の考えを言っていた。

・例を出していた。
・一文が短くて分かりやすかった。
・一気にすべて話すのではなく、途中で聞き手が理解できているか確認していた。

これらは、書くことの指導や説明的文章の指導ともつなげながら指導していくのが効果的です。例えば、「最初に自分の考えを言う」というのは、「頭括型で話していた」などと言い換えさせていくとよいです。

子どもが話したときに、自然とこれらの工夫やよさが含まれていれば、それを取り上げて、他の子ども達に「今の○○さんの話、どういう工夫がされていた？」とか「どういうところがよかった？」と尋ねて考えさせていくのがよいです。そして、出された「よさや工夫」は、その度に掲示するなどしていくとさらにクラスで共有されやすくなります。時には教師が、「こういう工夫を教えたい」と意図的にそれを含んだ話をして、その後子ども達に尋ねていってもよいでしょう。

(9) 聞くこと単元の指導「きいて、きいて、きいてみよう」

→資料編169ページへ

5年生では、ペアで相手から話を聞き出す学習をします。ペアで話すときは、必ず向かい合わせて目を合わせながら話させるようにすることが重要です。この指導を怠ると、相手と目も合わせずにいい加減に話す子が出てきます。2人で話すときも、3人で話すときも、4人でもクラス全員でも、話す相手を尊重することが大切です。向かい合わせて目を合わせて話させることで、相手を尊重する態度が身についていきます。

　ですから、２人組で話す前に、ある程度態度面の指導はしていく必要があります。その上で、聞くことの指導としてのこの単元でのポイントは、「相手が話したいこと」「相手の考え」を引き出すことです。自分が聞きたいことを聞くことも重要ですが、本当によい「聞き手」は相手から話を聞くことで、相手の人柄や考えや大切にしていることを引き出せるものです。ですから、聞き手には、どうすれば相手の人柄や考えを引き出せるか、ということを常に意識させましょう。

　そして、話し終わった後に、話した子たちに「聞き手が自分の考えを引き出してくれたという人？」「自分が話したいな、と思うことを聞いてもらえた人？」などと尋ねます。そして、「どのように話を聞いてくれたのですか？」と聞き、次のような要素を出させていくとよいでしょう。

・いくつも違う話を聞くのではなく、一つの話を聞き、その答えに対してさらに質問してくれた。
・自分の好きなことや趣味などをあらかじめ調べてから質問してくれた。
・相槌やうなずきながら聞いてくれた。時には驚いてくれてうれしかった。
・深める質問をしてくれて、最初は自分でもはっきり考えていなかったことが、話しているうちにはっきりしてきた。

　こうした経験を共有することで、子ども達は「対話のよさ」「聞き手の重要性」に気づき、話し合いの意義を知っていきます。互いを尊重し合いながら、話し合いの活発なクラスになっていくのです。

なお、私はこのペアで相手の話を聞き出す活動は、この単元だけで終わらず、帯活動として国語授業で事あるごとに行っています。ペアでの話し合いがすべての話し合いの基礎になるからです。

2 話すことの指導

(1) 話すことの指導において重要なこと

話すことの指導において重要なことは、話す子に相手意識を持たせることです。学習指導要領「A話すこと・聞くこと」の指導事項には、「目的を意識して」や「相手に伝わるように」といった文言が出てきます。これらは簡単に言えば、「相手に伝えるということを念頭に置いて話す」ように指導していくことです。

ですが、子ども達にとって「相手意識を持つ」ことはなかなか難しいことです。子ども達に話をさせると、自分の話したいことを一方的に話してしまったり、教師の方だけを見て話してしまったりすることは、かなり多くあります。これらは、「相手意識」を持てていないことが原因です。教師は、話すことを指導する際は、話している子が聞いている子に対して「相手意識」を持てるように意識的に指導していきましょう。

また、高学年になると、人前で話したがらない子が増えてくるのが一般的です。「恥ずかしい」「自信がない」などということを理由に、自分の考えをノートに書いているにもかかわらず話し合いでは黙っている子が増えてきます。高学年を担任する際、多くの教師がこの問題に悩まされます。これはやはり子ども達を「発信型」へと育てていく、ということに尽きます。ただし、いきなり「自分の考えをみんなの前で堂々と述べよ」と言っても、一般的には発言をしたがらない高学年の子たちにとってはハードルが高すぎます。ですから、段階的に「誰もができる」というところから丁寧に育てていくことが重要です。もちろん、発達段階的には低学年や中学年よりも高度な話の組み立てや技術を使えるのが高学年です。しかし、みんなの前で話す積極性という点に関しては、語弊を恐れず言えば、「退行」しているのが一般的なのです。それなのに、「高学年だから」といって、高学年にとってはハードルの高い「みんなの前で話す」ということを求め、それができないからといって「うちのクラス、全然発言しなくて……」と嘆いていては全く問題は改善しません。現状を受け入れて、的確に手を打っていく必要があります。

話すことの指導においては、全学年的に「相手意識を持たせること」が必要です。それに加えて、高学年の特質に合わせ、段階的に子ども達が人前で話せるように指導していく必要があるのです。

(2) 段階的に話す力を育てる

それではどのように段階的に指導していけばよいでしょうか。私は次のような段階で考えています。

・すすんで話そうという態度を養う

・しっかり声を出す
・一言しっかりした声で話す
・自分の考えを持つ
・自分の考えを的確に伝える

このような指導は、国語教科書の話すこと単元の指導だけでは到底賄えません。普段の国語授業のみならず他教科の授業でも指導していきます。このような基礎的な話す指導があって初めて、話す単元の学習が充実してきます。逆に、話す単元でのみ子ども達の話す力を伸ばそうとすると、ほとんど効果が出なかったり、基礎が育っていないので指導が上滑りしたりします。この点は話すことに限らず、基本的にどの領域の指導も同じです。

(3) 返事や立候補制で、子ども達に人前で話すことに慣れさせていく

高学年に対して話す指導をしていく際、話す技術や指導事項を指導する以前に、子ども達に人前で「話そう」という態度を育てていくことが重要となってきます。先述のように、一般的には高学年になると自分から話そうとしなくなっていくからです。

まずは、聞く指導と同様、子ども達の態度面を育てていかなくてはいけないのです。

かといって、「意見がある人は必ず言いなさい。」などと強制しても無駄です。「みんなの前で自分の意見を言う」などという行為は高学年にとってはハードルが高く、そんなことを直接的に指示され

ても響かないからです。

私は、子ども達に人前で話すことに慣れさせていく上で、主に二つのことに注力します。それは、返事をきちんとさせることと、年度はじめから様々な場面で「立候補制」を取り入れることです。

まず、返事についてです。人前で自分を表現する、考えを堂々と話すという行為の最も基礎的なことは、「人前で声を出す」ということです。それすらまともにできないのに、「自分の考えを言いなさい」というのは無理があります。返事は、ほとんどの子（緘黙児などは除く）にとって、その気になりさえすればできることです。しかし、指導をしないといい加減にしたり、返事しなかったりします。これも一種の「退行」現象です。入学当初の1年生のときはあんなに元気よく返事していたのに、高学年になると返事を全くしない子も増えていきます。補教等で他クラスに入ると、「○○さん」と呼んで「はいっ！」と明朗な返事をするクラスはほとんど見たことがありません。逆に言うと、そういう返事が子どもから返ってくるクラスというのは、ある程度子ども達が「開かれて」おり、人前で話すこともそこまで気にすることなく取り組むことができるという印象です。

ですから、人前で声を出す練習も兼ねて、返事をしっかりさせることを指導していくようにしましょう。年度のはじめは細かいことには目をつむってとにかく返事指導をきちんとすることです。その繰り返しの中で、子ども達は「人前で声を出す」ことに慣れていきます。

次に、立候補制についてです。人前で話すということは、高学年にとってかなりハードルの高い行為です。そこには、話す技術の前に、自ら話そうとする態度・取り組もうとする積極性がどうしても必要となってきます。これは、「話す技能」とは少し離れますが重要なことです。そもそもこういう態度や積極性がなければ、高学年は黙っていくものだからです。だからこそ、私は年度はじめからクラス全体に対して「〇〇できる人？」と事あるごとに投げかけます。例えば「朝の挨拶」「音読」「教科書を取りに行く手伝い」など、みんなの前で声を出すことを中心に、そうでないことも含めあらゆることに関してです。はじめはほとんど立候補しません。しかし、繰り返しながら、立候補した子を「そうやってすぐに立候補できることが重要です。」「自分からやろうとする姿勢がいいね。」などと価値づけながら段々とクラス全体に広げていきます。朝の挨拶も、音読も、「やろうと思えば全員ができること」です。ですが、この「やろうと思えば全員ができること」を高学年はやらなくなっていきます。考えはあるのに意見を話す子がいなくなりますし、返事もしなくなるという現象は、その最たる例です。だからこそ、そういうところからもう一度指導し直していくのです。また、この「やろうと思えば全員ができること」を求めていくことから始めるからこそ、学習が苦手な子たちも「これなら自分もできる！」と思え、クラス全体を巻き込んでいきやすいというメリットもあります。

よく、「子ども達が意見を言ってくれないので、ペアで話させるようにしています。でもペアだと話すのですが、全体では話してくれないのです」というご相談を受けます。高学年担任の「あるある」の悩みだと思います。子ども達にとって、ペアの子と話すのと全体の前で話すのとでは大きく違うのです。それは、ペアではその相手の子と話せばいいのに対し、全体では全員から注目を浴びるからです。全体で無理だから、ペアで、という考えにはそこが抜け落ちています。全体の前で堂々と話せる子にしていくには、「全体の前で」の経験を積ませ、慣れさせていくしかないのです。

（4）一言、はっきりと話させる指導

子ども達が返事をしっかりした声でできて、多くのことに立候補できる積極性が見えてきたら、少し指導をレベルアップします。

↓資料編170ページへ

それは、返事＋一言をはっきり言わせることです。例えば、復習問題や誰もが分かる発問を授業冒頭に繰り返して、たくさんの子に発言させるなどです。「説明文を書いた人のことを何と言うかな？」や「この説明文の問いは何だったかな。」等、前時までに関連しており、かつ子ども達がやる気さえあれば絶対に答えられる問いです。こうした問いでも、子ども達の積極的に話す態度が育っていないと、ほとんど手が挙がらないクラスもあります。そのような状態で話し合いなどを行ってもなかなかうまくいきません。ですから、もし全然立候補しない場合、しつこく指導をしていく必要があります。「本当に分からないのですか。」と尋ねたり、「これが分からないのであれば、今日この後の授業はずっと分からないことになりますが……」と挑発したり、子どもの姿を見ながら試行錯誤し、立候補する子を増やしていきます。一番やってはならないのは、「手を挙げなさい。」と直接的に強制することです。毎時間、復習問題や誰もが分かる発問を繰り返していけば、既習事項の確認にもなる上、必ず手を挙げて立候補する子が増えていきます。教師が尋ねた途端「はいっ！」とほぼ全員の手が勢いよく挙がるようになっていけば、子ども達が積極的に話そうとしている段階まで来ていると言えます。

ここで指名された子は「はいっ！　〇〇です！」と短く言い切らせるようにします。決して長く答える必要のある発問をせず、あえて短く言い切らせるようにしていくのがポイントです。しっかり返

事をして、キビキビと一言発言できるように、テンポよく行っていくようにしましょう。

たったこれだけですが、意外と難しいことです。返事を忘れたり、「〇〇」と単語で答えてしまったりします。それだけ高学年は全員の前で話すことに慣れておらず、「自分はしなくていいや」と思ってしまっているのです。子ども達は意外にもこんな単純なことだけれど楽しんで取り組みます。教師も楽しみながら指導していくことです。返事をしないで「〇〇です！」と言った子には「そうかぁ、あなたの返事は『〇〇です』なのかぁ。」とツッコんだり、「〇〇！」と単語で発言する子には、「おしい！　単語で話すのはだめだなぁ。」とぼやいてみたりします。明るい雰囲気の中、「自分もチャレンジしてみよう！」と思えるように指導していくのがポイントです。

(5) 自分の考えを持たせる

自分から立候補して、返事＋一言をしっかりとした声で言えるようになってきたら、自分の考えを明確に持てるように指導していきます。これは、高学年は意外とできているものです。むしろ、考えは持てているのに表明しない、という点に課題があります。ここまでの指導がしっかり機能していれば、子ども達は人前で声を出すことに慣れてきており、積極性も高まってきていますので、ある程度考えを言える子が多くなっていると思います。ですが、全員に対して「自分の考えを話してください。」と求めるのはまだ少し難しいでしょう。そこで、「挙手」を活用しましょう。

発問をしたときでも、人数把握のために手を挙げさせたときでもいいので、「ビシッと」手を挙げさせます。その際、「あなたはＡ・Ｂどちらの意見ですか。先生の方だけを見て、絶対に周りを見ずにビシッと手を挙げてください。」と声をかけます。そうすることで、周りをきょろきょろ見て周りの動向に従う子ではなく、自分の考えを持ち、それを堂々と表明できる子に育てていきます。

その際、少数派にもかかわらずビシッと手を挙げる子がいます。そういう子をおおいに褒めましょう。そのような状況で堂々と自分の意見を言えたらなおさらです。子ども達に、周りに合わせるのではなく、自分の考えを持つのがかっこいい、という価値観を持たせていくのです。

⑹ 相手意識を持たせ、自分の考えを的確に伝えさせる

自分の考えを的確に伝えるには、「相手意識」が欠かせません。しかし、相手意識を持って自分の考えを的確に伝えるのは、大人でもなかなか難しいことです。これを指導すればすべてうまくいく、という絶対的な正解はなく、様々な指導を積み重ねていく必要があります。ここでは三つ紹介します。

第一に、はじめに結論（主張）を言うように指導することです。

これは、先に挙げた言い切らせる指導にもつながりますが、「私は○○だと思います。なぜなら～」などとはじめに結論なり主張を言う癖をつけさせます。ノート等に自分の考えを書かせる段階から、「私は○○だと思います。なぜなら～」という型を示して書かせます。そうすれば、基本的には子どもはそのように話します。高学年では、説明文の型も学習していますから、「考えは頭括型で書こう」と合言葉のようにして指導していきましょう。また、それが根づいてきたころ「はじめに自分の考えを言うと、聞いている人にはどんないいことがあるだろう。」と尋ね、考えさせるのも有効です。はじめに結論を言い、その後理由や根拠を付け足していく話し方は、相手に配慮した話し方です。聞い

ている側は、「この人は、〇〇という考え方なんだな」という構えを持って、話の続きを聞き、判断することができるからです。相手を大切にした、相手意識を持った話し方だということです。子ども達にそのよさを考えさせ、自覚させていくことは、さらなる定着にもつながるので重要です。

第二に、根拠だけでなく理由も話させることです。根拠を示す指導は、今では常識のように行われています。例えば読みの授業において、「〇〇だと思います。」と話した子に対して、教師は、「それはどこに書いてあるの？」と本文から根拠を出すように求めます。ですから、先回りして、「〇〇だと思います。23ページに～と書いてあるからです。」と話す子も多くなってきました。しかし、根拠を示しただけでは、自分の考え（主張）を相手に十分伝えられているとは言えません。なぜそれが自分の主張の根拠になるのかを語る、つまり理由づけを語らせないといけません。例えば「大造じいさんとガン」の「残雪は大造じいさんになついていないと思います。なぜなら、おりと書いてあるからです。」では、主張と根拠が結びついていることを理解できる子はかなり限られます。ですが、「残雪はおりで、おとりのガンは鳥小屋と書いてあって、おとりのガンはじいさんになついてしまっていたから……」などと理由づけを語れば、伝わりやすくなります。つまり、理由づけを省いて話すのは、『根拠だけで伝わるでしょう？』と聞き手のことを考えず一方的に主張を押しつけているのと同じなのです。ですから、「書いてあるから何？」と切り返し、理由づけを丁寧に語れる子に育てていきましょう。そうすると、子ども達は聞き手が理解できるように、と相手意識を持って話せるようになり、結果的に議論についてこられない子が激減します。

第三に、長くなる場合は区切って相手の理解を確認しながら話すようにすることです。一気にダーッと話してしまうと、聞き手の理解が追いつかない場合があります。それなのに自分の話したいことだけ一方的に話すのは、相手意識を持った話し手とは言えません。ですから、途中で「ここまで大丈夫ですか。」とか「ここまでで分からないことありますか。」などと聞き手に投げかけながら、理解を確認して話を進めるようにします。話を簡潔に区切りながら話すこともできるのでおススメです。

やはり、キーワードは「相手意識」です。いかに聞いている側の立場に立って話をすることができるか、そういう視点を持たせていくか、です。最も重要なのは、これらの技術を教師が普段から用いて、子ども達に対して相手意識を持って話すことです。そういう姿に子ども達は感化されますし、何より毎日教師の話を聞くわけですから、自然と染み込んでいくものです。

(7) 話すこと単元の指導「提案しよう、言葉とわたしたち」

これまで見てきたような指導に上乗せするのが、話すこと単元の指導です。5年生では資料を用いて自分の主張をする単元が設定されます。この単元での指導のポイントをいくつかご紹介します。

一つは、原稿を丸読みさせないことです。これは、どの学年の話すこと単元でも重要なことです。しかし、どの学年でも課題となります。低学年のうちはそもそも覚えて話すことが難しいので原稿を丸読みしてしまいがちですし、高学年では話す内容が複雑で難しくなるので原稿を丸読みしてしまいがちです。丸読みさせないとはいえ、何もなしにすべて暗記して話させようとすると、それはそれで不自然と言えます。そこで、原稿の概要をスライド等にまとめ、それを見ながら再構成して話させるようにします。その方が、自分の言葉で適切に間を埋めながら即興的に「話す」ことにつながります。

実は、私もこのスタイルで講演を行っています。原稿丸読みでは「読む」学習なのです。端末を使ってスライド資料を作らせてもよいですが、私は紙でフリップのような資料を作らせて話させるようにしています。

いま一つは、相手の方を見て話すようにすることです。これも、全学年的に難しいことです。「ニュースキャスターをイメージして話してごらん。」「聞いている人は、話をしている人と何回目が合ったか数えて。全員と目が合っていたら、話している人は話す

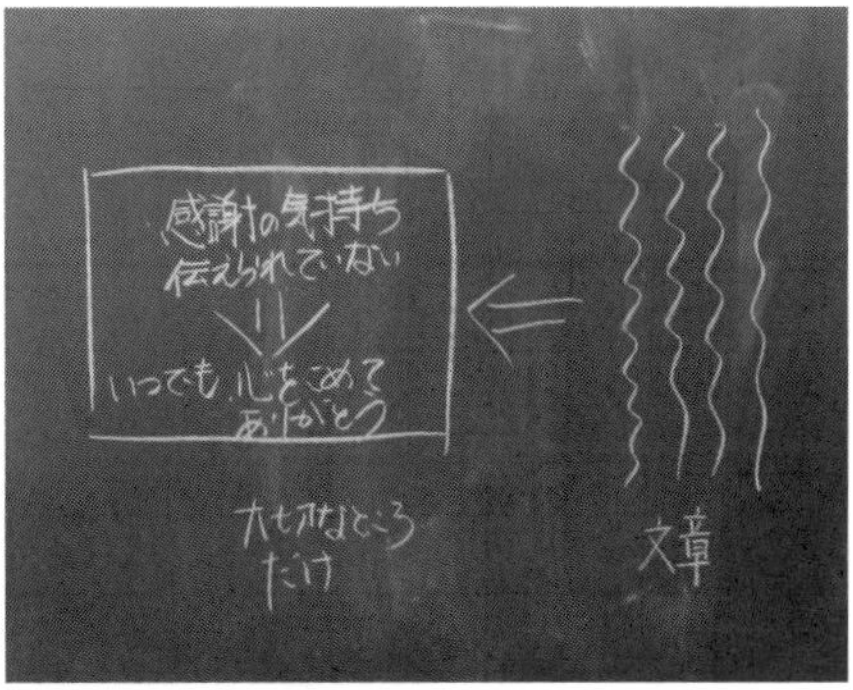

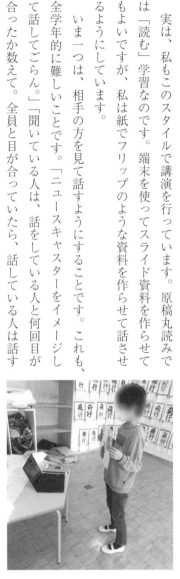

のがうまい証拠です。」などと声がけしていくとよいでしょう。前ページ左下の写真のように、端末で話す自分の様子を録画させるのも有効です。熱心に隙間時間なども練習する姿が見られます。

3 話し合いの指導

これまで見てきた聞く指導、話す指導だけでも、自然と話し合い活動は成立しやすくなっているはずです。ただ、純粋な「聞くこと」や「話すこと」とは少し違った話し合い特有の指導のポイントもあります。ここでは、話し合いをうまく行っていくための指導の力点や、5年生で取り組む話し合い単元のポイントについてご紹介しましょう。

(1) 意見をつなげていく話し合い方を指導する

よく、子ども達が積極的に自分の意見を話すのですが、それらが絡み合っていかない授業を目にすることがあります。いわゆる「意見の発表会」になっているような授業です。意見が全く出されない授業よりはよいですが、一人一人が好き勝手に意見を言うだけでは、やはり「話し合い」とは言えません。

もちろん、育てていくはじめの段階では、一人一人がとにかく自分の意見を言う、ということを重視して指導していくことは重要です。ですが、ある程度子ども達の積極性が育ち、考えがあれば言うことができるというのであれば、次の段階にいくべきです。

それは、意見をつなげていくということです。自分の考えを単に発表するのではなく、話し合いの流れを見て出された意見につなげて自分の意見を出していくということです。そのためには、他の子の意見をよく聞いていなければいけませんし、話し合いの流れをつかんでいないといけなくなるので、子ども達にとってはハードルが高まるのです。

それではどのように指導していけばよいでしょうか。

例えば、AかBかで話し合っているとしましょう。はじめのうちは教師が前に出て話し合いを進めて構いません。その際、「Aの意見の子から話してもらいます。はじめに一人言ってください。それと似ていたら、○○さんと似ていて、とつなげていきましょう。何人になってもいいです。必ずそのようにつなげてください。同じ意見が出なくなったら、違う意見を出してください。また似ていたら、○○さんと似ていて、とつなげていきます。そうして意見が出なくなるまで出してみてください。」と伝えます。

つまり、はじめの段階は、自分の考えと似た考えにつなげていき、少し違うと思ったらそこでは言わない、ということを指導するということです。このとき、「○○さんと○○さんと○○さんと……」と延々と言うこともありますが、子どもが覚えている限り言わせるようにします。「意見をつなげる」ということは、他の子がどんなことを言ったかを記憶しておくことが必要不可欠です。発言する際に他の子の名前を出してつなげることを子ども達に求めることで、自然と他の子の発言をよく聞き、記憶しておき、なおかつ自分の意見と似ているか違うかをよく考えるようになり、今自分が発言すべきかどうかを見極めるようになるのです。

(2) 出された意見に対して考えを言える力を育てる

つなげて発言をすることができてきたら、だいぶ話し合いになってきます。意見も、似たものがまとめて出され、出なくなったら違う意見が出されるので、教師も黒板等に整理しやすく、なおかつ子ども達も今どんな意見が出されているのかを把握しやすくなり議論もかみ合いやすくなります。

次に育てたいのは、出された意見に対して「反応する」、つまりさらに自分の考えを持ち発言することです。最初に出される意見は、子ども達一人一人がすでに持っていてノートなどに書いてあるものです。すでに持っている意見を、つなげながら出すだけではなく、出そろった意見に対して、さらにその場で考え、意見していかなくては、本当の意味で議論や話し合いとは言えません。

しかし、これはさらにハードルが上がります。今まではすでに準備された考えを言えばよかったのに対し、ここからは即興的にその場で「反応し」、考えを言わなければいけないからです。出された意見に対して「反応する」ことは、「即興性」が求められるのです。

この「即興性」を育てるには、様々な手を駆使する必要があります。三つ紹介します。

第一に、「反応しよう」という態度を持たせることです。「友達の考えに対してさらに意見を言える人が、話し合いができる人です。」「自分の意見を言えておしまいではありません。」等、「反応しよう」という姿勢を持たせるための言葉がけをしつこくしていきます。また、意見に対してさらに意見を言えている子を価値づけて、クラスで共有していくことも有効です。そうして、子ども達の意識を「よく聞いて反応できるようにしよう」としていくのです。

第二に、「質問」や「これは違う」ということを言わせることです。単に「反応しよう」と促しても、子ども達は具体的にどんなことを言ったらいいのか分からないことがあります。「質問」は最も手軽にできる「反応」です。最初はそれを積極的にさせるようにしていきましょう。質問は、意見を出した子にさせるようにします。そうすればその質問に答える形で話し合いが進みます。また、「これは違うと思う意見はありますか。」と尋ね、言わせていくことでも話し合いが活発になります。出された意見に対して「ダメ出し」をさせ、意見に絞り込みをかけていくのです。「出された意見、どれも正解です」という話し合いの場面もあり得るのですが（例えば、一人一人が物語への解釈を語る場面など）、ある程度正解のある話し合いをしている際にそれをやってしまうと、子ども達は「結局どれが正しいんだ」とやる気を失っていきます。しかも、その授業でねらいとしているところまでたどり着かないことも出てきます。そういうときに必要なのは意見の絞り込みなのです。「これは違うな」と思う意見を指摘させる際、必ず根拠や理由を言わせます。例えば読み違いであれば、「○ページに～と書いてあって、これは××だということだから、Aさんの考えは違うと思います。」という具合です。こうしたことができれば、一気に話し合いは深まっていきます。

第三に、子ども達の論理的に考える力を高めることです。話し合いの指導とはいえ、即興的に相手の考えに対してさらに自分の考えを言うには、話す・聞く力だけでなく、考える力が不可欠です。そして、考える力を育てるには、話す・聞くという即興性が求められる場面よりも、じっくりと、書く活動の方が適しています。そこで、私は「反論作文」という実践に取り組みました（72ページ）。詳しくは次章で述べますが、簡単に言えばこの作文は、お題となる主張文に対して根拠と理由を挙げながら反論する文章を書くものです。先に、間違っていると思う意見を指摘する際には必ず根拠と理由を言わせると述べましたが、根拠や理由を挙げながら論理的に考える力を高める実践です。

このような手を駆使しつつ、子ども達が即興的に反応できる力を伸ばしていきましょう。

(3) 話し合いの流れを見て進める力を育てる

相手の意見にも即興的に反応できるようになってきたら、さらに話し合いの流れをつかみ、コントロールできる力も育てていきたいところです。

子ども達の話し合いでよく見られるのが、「本題から逸れる」ことや「ずっと同じような話題に終始してしまう」ことです。こうしたときに、話を元に戻したり、違う話題に進めたりできるような子を育てていくべきです。しかし、子ども達は話し合いのときは夢中で参加していますから、こういうことに気づきません。ですから、最初のうちは、教師が「今は何の話し合いだったかな?」とか「このことをずっと話しているけれど、他のことを話し合いたい人もいるんじゃない?」などと助け船を出すことが必要でしょう。そして、「こうやって話が逸れたら、元に戻しましょう、って自分たちで戻せるといいね。」とか「この話題はある程度出尽くしたなと思ったら、話を次に進めましょう、って自分たちで進められるといいね。」と指導します。

すると、徐々に自分から話し合いを進める子が出てきます。そうした子が出てきたら、おおいに価値づけていき、広げていくことです。これは、かなり難しく、勇気も必要なことです。全員ができるようにはならないかもしれませんが、こういう視点を持った子を増やしていくことは重要です。

（4）互いの立場を明確にしながら計画的に話し合う話し合い単元の指導「よりよい学校生活のために」

5年生では、互いの立場を明確にしながら計画的に話し合う単元が設定されています。ここでの指導のポイントをご紹介します。

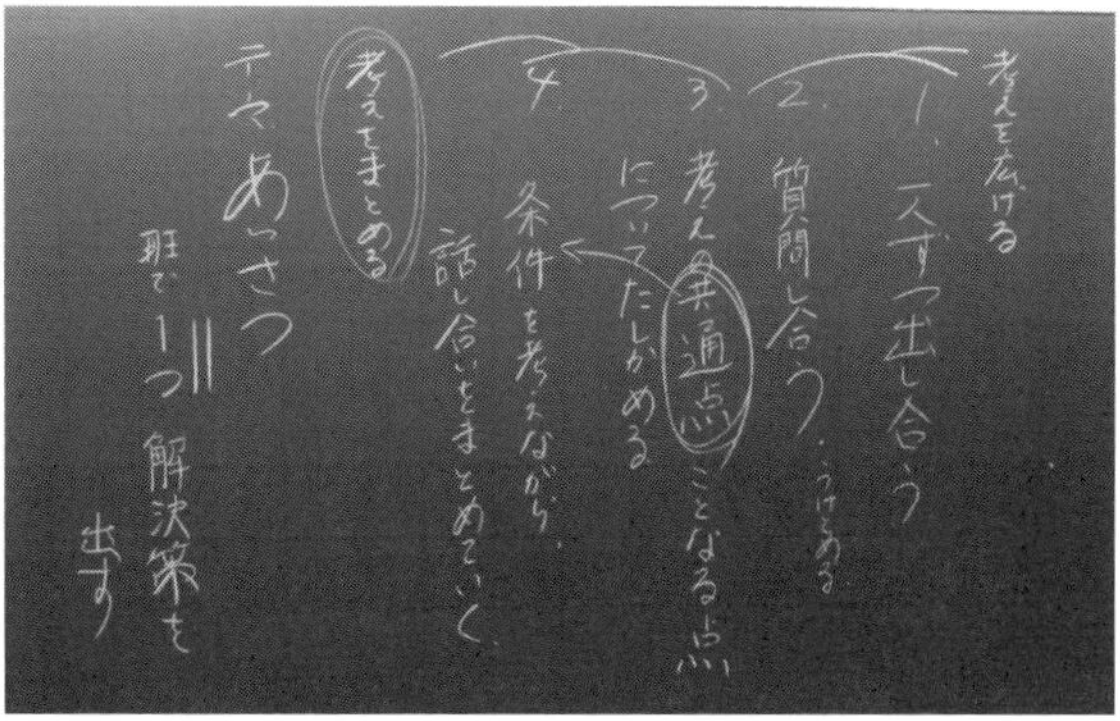

まず、議題について子ども達と一緒に一つ決めていきます。議題を絞り込まないと、「立場を明確にする」ことができません。議題については、子ども達が今最も関心のあることにしていきましょう。教科書によって、「学校生活」とか「言葉について」など大枠が設定されていることがほとんどですが、場合によってはその大枠に当てはまらない議題の方が、子ども達が自分の考えを持ちやすいと判断されれば、それでもよいでしょう。

次に、議題が決まったら自分の考えを明確に持った上で、話し合いの流れや目的、方向性をしっかり確かめることです。これが「計画的に話し合う」ということにつながります。話し合いをどのように進めるのかを確認したり、一つに絞るのかそれとも広げて終わりなのか終着点を確認したりすることです。話し合いの目的や方向性を常に意識しながら話し合わせることが重要です。

最後に、話し合いを振り返らせることです。あくまでも話し合いの単元ですから、目的は話し合いがうまくなることです。そのためには、自分たちが行った話し合いについて振り返らせる必要があります。しかし、話し合いは音声言語で行われ、音声言語はすぐに消えていってしまいます。そのため、振り返るのが難しいという点があります。そこで、私は二つの手法をおススメします。

一つは、話し合いを行うグループとその話し合いを観察するグループとに分けることです。そうすると、話し合いを客観的に見る機会をつくることができます。実際に自分が話し合いをしているときにはない気づきを得ることができ、それらをクラスで共有していくことで話し合う力を高めていくことができます。流れは、話し合うグループの周りを観察するグループが取り囲み、話し合いを観察します。話し合いが終わったら、観察するグループがよかったところと課題を言っていきます。「○○さんが、××さんと△△さんの意見の共通点を見つけていてよかった」などと、なるべく具体的に言わせます。観察するグループからの意見が終わったら、どちらのグループも振り返りを書いて、1セットが終了です。次のセットでは話し合い役と観察役を入れ替えて行います。時間に余裕があれば、グループの組み合わせや話題を変えて何度か行っていくと、話し合う力がさらに高まります。

いま一つは、端末で自分たちの話し合いを録画し、振り返る方法です。他のグループに観察してもらう形だと、自分たちの話し合いは見られないという欠点がありました。そこで、端末を活用すれば、自分たちの話し合いを自分たちで振り返ることができます。「話し合いがうまく進んだ場面とその要因」や、その逆に「うまく進まなかった場面とその要因」を中心に振り返らせるようにすると、話し合いを進めることを意識化できていきます。

第2章

書くことの指導

私は、子ども達の書く力を高めることを非常に重要視しています。

書く力は考える力、表現する力などが合わさった、複合的で高次の能力です。書く力を高めることは難しく、国語の力の中でも最後にやっと伸びてくる力でもあります。しかし、書く力が高まることは、子ども達を知的にし、粘り強く思考できる子にしていくということです。当然、他の教科でも成果が出やすくなり、学力は飛躍的に伸びていきます。教師に指導力があり、育っているクラスでは、子ども達の書く力が高まっています。反対に、あまり育っていないクラスでは、「多くの子がちょろっと書いて終わり」「『何書けばいいの?』のオンパレード」というような様子が見られます。それだけ、「書く」という行為は難しく、ハードルが高い、面倒な行為なのです。ゆえに、子ども達の書く力を育てるというのは簡単なことではありません。

私は、次のような方向性で子ども達の書く力を高めています。

「書く量」を伸ばす→徐々に「質」の指導もしていく

基本的に、これはどの学年を持つときも変わらない、私の指導方針です。

書くことの指導上、最も重要視すべきは、子どもの「意欲」です。これを重要視しないと、どんな指導をしても空回りします。書くことは本来「面倒」なことだからです。そこに意欲がなければ絶対に取り組めませんし、続きません。

ですから、まずはとにかく「書く量」を伸ばしていくように指導します。楽しく、意欲的に書いているのが一番重要です。文章の質はある程度目をつむります。「書く量」は誰の目で見ても成果が分かりやすく、達成感も得られます。そして、子ども達はたくさん書けると「自分は書くことは嫌いではないな」と思い始めます。書くことに対する抵抗感のない体になっていくのです。そのような状態に育ててから、次第に「質」の指導をしていけばよいのです。この際、「全員に質の高い文章を！」と焦る必要は全くありませんし、そんなことは無謀です。大村はま（1994）では「みんなが文章のうまい子にはならない」という旨が書かれています。それなのに、子どもが書いた文章のダメ出しばかりしていては、子どもは書く意欲を失います。先述のように、書く力には、考える力が大きく関わり、考える力が高まらなければ書く質も高まりようがありません。物事を考える力など、一朝一夕で高まるものではありませんよね。書く力も同様なのです。

このように、書く指導では量を重視しつつ、徐々に質的な指導を加えていくという方針で指導していきます。そして、こうした指導は、「書くこと単元」だけに留まることではありません。「国語科」だけでなく、全教科の指導において、私は子ども達の書く力を育てていくべきだと考えています。本章では、日常的に子ども達の書く量を伸ばしていきつつ、日記指導や作文指導、単元の指導を通して文章の質や思考力を育てていく「書くこと」の実践について紹介します。

1 子ども達の意欲を引き出し、書く量を増やす

まずは、子ども達の書く量を増やしていかなければなりません。長くたくさん書けるようになれば、

そこから短く的確に書くようにすることもできます。しかし、逆はできません。元々短く少ししか書けないのに、たくさん書けるようにはならないのです。

(1) 書く機会をたくさん保障する

まず大切にしたいことは、子ども達の「書く」機会をたくさん保障することです。

そのためには、「書くこと」の単元で指導するだけでは全く足りません。国語科のすべての領域、さらに全教科を通じて、子ども達の書く力を育てていく意識が教師には必要です。例えば、序章でお見せしたように「大造じいさんとガン」の学習作文は、本来は「読むこと」の学習の一環です。しかし、そこで子ども達が行っていることは、紛れもなく「書くこと」です。多い子では100枚以上の原稿用紙を埋め尽くすほど書きまくっています。また、下の写真は後期の生活の振り返りのため、学年で統一して使用していたシートです。こうした一つ一つの何の変哲もない書く活動の場面でも、徹底して子ども達は書きまくっています。行をわざわざ自分で細かく割ってたくさん書いているのです。こうした例に限らず、日々の生活の振り返りや毎時間の授業の振り返りなど、教師の意識次第で、子ども達の「書く」場面は非常に多くつくることができます。

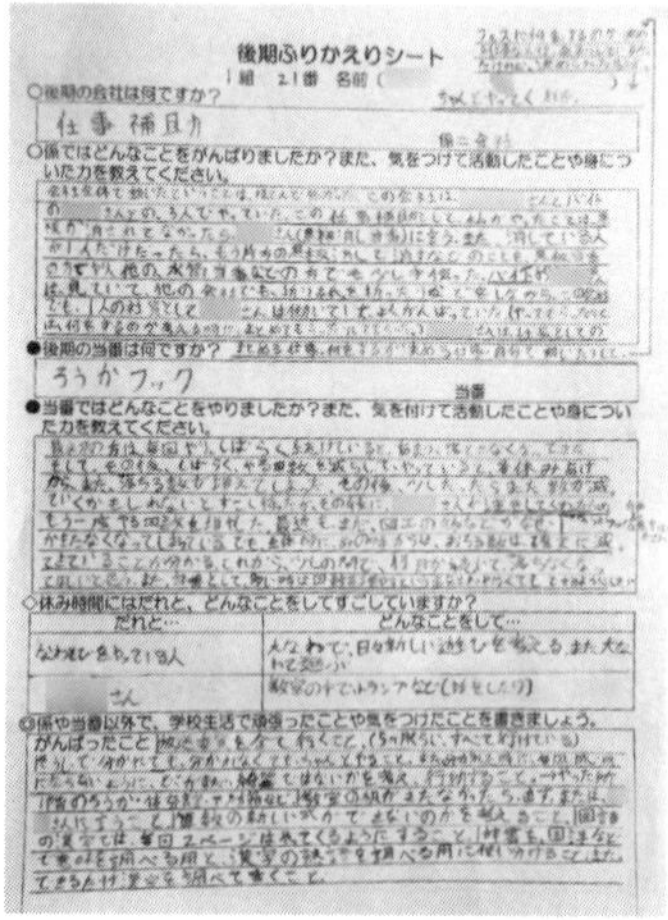
後期ふりかえりシート

1組　21番　名前（　　　）

○後期の会社は何ですか？

仕事補助

○係ではどんなことをがんばりましたか？また、気をつけて活動したことや身についた力を教えてください。

●後期の当番は何ですか？

ろうかフック

●当番ではどんなことをやりましたか？また、気を付けて活動したことや身についた力を教えてください。

◇休み時間にはだれと、どんなことをしてすごしていますか？

だれと…	どんなことをして…
	教室の中でトランプなど（話をしたり）
さん	

◎係や当番以外で、学校生活で頑張ったことや気をつけたことを書きましょう。

（2）書かせたらフィードバックする

子ども達に書かせたら、必ずフィードバックすることです。他の学習活動もすべて同様ですが、何でも「やらせっぱなし」はよくありません。そうするといくら時間があっても足りないと思われるかもしれませんが、そんなことはありません。ポイントを絞ってフィードバックすればそこまで時間はかかりません。フィードバックのポイントは、個人内評価、つまり他者と比べなくてよいということです。はじめのうちは、徹底して書こうとする姿勢や書いた量を「個人内評価」していけばよいのです。「前より多く書けたね。」「とにかく書こうとしていてよかったよ。」「ここが詳しく書けているね。」などと子どもに評価を返してあげることです。

繰り返しますが、はじめのうちは徹底して書こうとする姿勢や書く量を肯定的に評価することです。子ども達にとって「書く」という行為は多くの場合「面倒」であり「苦痛」です。だからこそ、子ども達は書くことが一般的にはあまり好きではないのです。そんな状況なのに「もっとこうした方がいい」とか「ここが間違っている」などと指導されても、書くことがより嫌いになるだけです。嫌いにさせたらおしまいです。子ども達の意欲を最も重要視し、姿勢や量を肯定的に評価していきましょう。

（3）決まった時間で書く活動を設定し、成長を可視化して達成感を味わわせる

→資料編171ページへ

書く機会をあらゆる教科で、たくさん設けていくことに加え、国語授業の中でも短時間で決まった

時間、書く活動を設定するとよいです。繰り返し行っていくことで、自分がどれくらい書けるようになってきたか分かりやすく、達成感を得られるからです。つまり、帯活動として、3分間程度の短時間学習の書く活動を毎回取り入れていくということです。繰り返すうちに、子ども達も見通しを持つことができ、なおかつ書く量も増えていきます。

例えば、私は「きいて、きいて、きいてみよう」という対話の学習活動も帯活動にしてしばらく定期的に行うと述べましたが、これをアレンジして「見つめて見つめて書きまくれ！」という活動をこの対話活動の後に行っていました。二つ合わせて5分間くらいで行えます。

この活動は、教師がお題を出し、そのお題に関してとにかく書きまくるというシンプルな活動です。お題は、教室にある物（セロハンテープ台、配膳台、机などなんでもよい）であったり、言葉や概念（「趣味」「面白さ」など）であったりします。はじめは物がよいでしょう。子ども達は、非常に集中して取り組み、どんどん書く量が増えていきます。書く量が増えるということは、物事を見つめる目が細かくなり、考えが広がるということです。活動の詳しいやり方は資料編をご覧ください。

(4) 学級という集団での相乗効果を活用し、書くことを当たり前にする

このような手を打っていくと同時に、絶対に欠かしてはいけない視点があります。それは、「学級」という集団の作用を活用することです。学級担任は、家庭教師のように一人に対して教育実践を行っているのではありません。30人以上の子ども達の集団を相手に教育実践を行っているのです。

学級担任の歴が長くなってくると、このことをよくも悪くも痛感することが増えます。一人一人と

はそれなりに話せるし、よい関係が築けていると思うのに、いざ集団になるとどうしてもふざけてしまってやる気を出さない、そういう集団になってしまうこともあれば、逆に互いに刺激し合いながら高め合っていける、そんな集団に育てられることもあります。

書くことの指導だけでなく、一人一人を伸ばそうとすると、この集団の作用をうまく活用していくことが重要です。そのときに教師が意識すべきことは、「蓋をしない」ということです。どんな実践でも、行い始めたときに、「ダーッと」勢いよく走り出すトップ集団と乗り気ではない子たちに分かれます。多くの教師は、このとき乗り気ではない子たちへの指導をどうするか、と考えがちです。そうこうしているうちに、トップ集団も勢いがなくなってきて、学級全体の雰囲気が沈んでいくのです。

そうではなく、トップ集団をとことん先へと伸ばしていくことを考えましょう。書くことの指導でいえば、トップ集団はガンガン書いてきます。それで満足させず、「その紙で書ききれないのなら、線と線の間に自分で線を引いてみたら？」などと指導し、上限を設けずにトップ集団を伸ばしに伸ばします。すると、教室の雰囲気が一気に活気づきます。多くの子ども達が「もっと書きたい！」と自分から進んで取り組むエネルギーで満ち溢れ、そういう前向きな空気が教室を支配するのです。そうなったら、あまりやる気を示さなかった子たちも一人、また一人と「自分も頑張ってみようかな」となり始めます。「あなたも頑張りなさい！」などと教師が強制する必要は全くないのです。

次ページの写真は、社会科のテストの裏面です。クラスの多くの子が付箋を貼り付けてまで自分が学んだことをたくさん書いています。これも、一人が始めたことなのです。集団の作用がよい方に働き、みんなで「自分も書きたい！」と楽しみながら書くようになり、ここまで広がりました。もちろん、やっていない子もいますが、それはそれでよいのです。(全員がこんなことをやっていたら、それは不自然ですよね。)

このように、学級という集団の持つよい効果をうまく活用し、子ども達が「書くのが当たり前！」「もっと書きたい！」と言うように育てていきましょう。

2 日記やピッタリ作文で質を高める

(1) 基本方針は子どもから出てきたものを活用する

書こうという姿勢や書く量が高まってきたら、徐々に書く質への指導も取り入れていくようにしましょう。その基本方針は、子ども達から出てきたものを取り上げ、広めるということです。例えば、日記でナンバリングを使っている子がいたとします。そうしたら、それを取り上げ他の子たちに紹介するのです。もちろん、時には教師から「こういう書き方をしてみましょう。」と書き方を指導することはあってよいと思います。しかし、それよりも、同じクラスで学ぶ同い年の友達が書いてきた文章から学ぶ方が子ども達はどんどん吸収していくものです。これは、先に述べた学級という集団の作用でもあります。また、子ども達が書いた文章からよさを広げていくことは、それが紛れもなく「クラスの子ども達から出てき

た」ことなので、他の子たちにとって「ちょうどよいハードル」であることが多いからです。難しすぎもしない、簡単すぎもしない、今の子ども達にとって最適な課題であることが多いのです。（ヴィゴツキーの「発達の最近接領域」という概念は教育界では有名ですが、それに通ずるところがあると私は考えています。）子ども達から問いを出させることが有効なのも、この「ちょうどよいハードル」になり得るからというのが一因と考えています。

次項からは具体的にどんな活動で子ども達の書く質を高めていくかを紹介していきます。

(2) 日記指導を通して高める

→資料編171ページへ

○日記指導で育てたい力

私は、毎年日記指導を行っています。「書く」という行為は「考える」という行為そのものであり、「書く質」を高めることは、子ども達の「考える」力を高めることにつながります。それでは、日記指導を通してどんな書く力を高めていくことができるでしょうか。この点を改めて考えておくと、日記で子ども達に指導することが明確になりますし、子ども達が書いてきた日記の中からも「よさ」を見つけやすくなります。私は、日記指導を通して主に次の三つの力を伸ばしたいと考えています。

・書きたいことを見つける力
・焦点を絞って書く力
・自分なりに考えたことを書く力

これは、低学年、中学年、高学年でも、書く内容のレベルの上下はあっても、大きくは変わりません。これら三つの力について少し詳しく述べましょう。

まず、書きたいことを見つける力は、自分が何を書くかを決める、そしてそれを調べたり詳しく考えたりするところまで含んだ力です。「取材力」と言えます。取材力がない子は、よく「書くことがない」と言います。しかし、話を聞いてみると、前日に何もしていないわけではないのです。それなのに、「書くことがない。」と言って書けないでいます。一方、取材力がある子は、何の変哲もない一日を過ごしたとしても、さらっと日記を書くことができます。例えば、公園に行って遊んだときに見つけた虫についてのこと、ブランコの漕ぎ方、公園の遊具の配置など様々なことを面白がって書いてきます。このような、書きたいことを見つける力、取材力は、一朝一夕で育つものではありません。考える力や物事を見つめる力そのものです。日記指導でじっくりと育てていくのが適しています。

次に、焦点を絞って書く力は、自分で決めた題材を中心にしながら詳しく書いていくことです。これができない子の日記は、「朝起きて、顔を洗って、歯磨きをしました。次に朝ご飯を食べました。おいしかったです。次に公園に遊びに行きました。楽しかったです。その次に買い物に行きました。……」というように、一日のことをまんべんなく同じように書きがちです。ですから、このような子たちには、「題名のつけられるものを書こう。」「一つのことを詳しく書こう。」と伝えます。先のような日記は「〇月〇日」としか題名がつけられません。そうではなく、その中で自分が一番心に残ったことについて詳しく書くようにするのです。詳しく書くようにこだわっていくと、子ども達は一つのことを様々な角度から緻密に考えることができるようになっていきます。

最後に、自分なりの考えを書く力は、文字通り自分なりの考えを紡ぎ出して書く力です。「考える」

ことは学問の基本であり最も重要なことです。しかし、慣れていないと難しく、誰かの考えをさも自分の考えのように言ってみたり、他の誰かの考えに迎合したりしがちです。ですから、日記指導を通して、とにかく自分の考えを書くことを習慣化していくのです。「日記」ですから、その日にあった出来事を書いて何ら問題はないのですが、そこに自分の考えたことが書かれていないと、面白みのないものになります。積極的に「考えたこと」を書かせるようにしましょう。

そのとき思ったことを書いてもいいし、書いていて思ったことを書いてもいい、と伝えると効果的です。子ども達は、日記を書くときどうしても「そのときに自分が思ったこと」を書かなくてはいけないと思いがちです。そうするとかなり書けることが絞られてきます。そうではなくて、「今（日記を書いているとき）、そのときのことを思い出して考えたこと」も書いていいのです。大人も、そのときは無意識にしていても、あとから振り返ると思うことがあるということは多くあります。文章を書くよさはそういう、無意識を意識化できるということでもあるのです。また、「疑問に思ったこと」を書かせるというのも面白いです。疑問に思うというのは、自分の頭で考えている証拠です。

○子どもの実態に合わせて、子どもから出てきた文章を生かして指導していく

私は、このような三つの力を主に育てていくことを意識しています。もちろん、その基本方針は「子どもから出てきたものを生かす」です。なので、このうちどれが先になるかはその年に持つ子どもによって多少異なります。ただし、これら三つの力はそれぞれが単独で存在しているわけではなく、絡み合っています。例えば、自分なりの書きたいことを見つけられれば自ずと自分の考えを書くこと

になりますし、一つのことを詳しく書こうと思えば考えを書かざるを得なくなっていきます。つまり、どれかが伸びればそれに引っ張られて他の要素も伸びるようになります。ですから、これも目の前の子ども達の実態に合わせて、子ども達が詳しく書くことが得意ならばそれを徹底的に伸ばすようにします。そうすれば、自分なりの考えを書いたり、自分なりの書きたいことを見つけたりする子が出てきます。それを価値づけ、広げていけばよいのです。

　また、時にはこの三要素よりももっと細かいことを指導することもあります。例えば、「書き出しがいい」「段落をきちんと使えている」「うれしい・楽しいではない言葉を使っている」「セリフを入れている」などです。これらももちろん重要です。いずれにせよ、子ども達が書いてきた文章の中から、こうした「よさ」を見出し、それをクラスに広げていくことが教師には求められるのです。

　それでは、どのようにクラスに広げていけばよいでしょうか。簡単です。その日記をみんなに紹介し、「面白いね～。」とか「先生は驚いたよ。」とみんなで面白がるのです。（日記紹介の手順は、資料編にて詳しく紹介しています。）簡単にここで述べると、「読んで！」と書いている子に、読ませて（音読）いき、他の子によいところを見つけさせるのです。もしも、一人一人読ませる時間がなければ、学級通信などにコピーを載せて配るとよいです。通信に載せて、なおかつ読んでもらえば、耳で

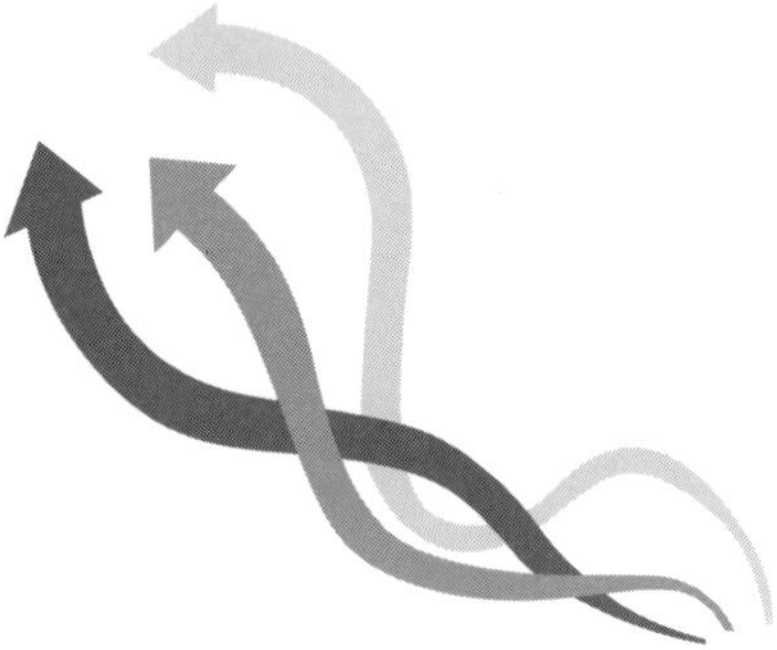

書きたいことを見つける力・焦点を絞って書く力・自分なりに考えたことを書く力は三位一体

聞いただけでは理解しにくい子も文章を読めて、さらによいです。

○日記紹介のよさと注意点

日記紹介のよさは、子ども達の書く意欲を高めるとともに質の向上も図れることです。

クラスの友達が書いた日記を読み合うというのは、教師が口で「こういう風に書こう」と伝えるよりも何倍も効果があります。どこかよそから持ってきた文章ではなく、同じクラスのあの子が書いたものを紹介するから、意味があるのです。子ども達にとって、これほど大きな「刺激」となることはなく、同時に、書く質を高める上でも大きな効果を発揮します。先述の通り、子ども達の実態に合っていることが多く、子ども達も「なるほど！　そういう風に書けばいいのか！」と腑に落ちやすいのです。子ども達は、いいと思ったことは必ず真似します。例えば、ある子がランキング形式で自分の好きなことを紹介する「ランキング日記」を書いてきてそれを読んだら、翌週すぐに自分もランキング日記を書いてくる子が多数います。このような友達から学んだことを真似してすぐに取り入れる子を「いいと思ったことをすぐ真似しようとする人は賢い人です。素晴らしい！」とおおいに褒めます。こうして、クラス全体の書く意欲や質はどんどん高まっていきます。

また、学級経営にもつながります。普段大人しくてあまり自分を出さないけれど、文章を書くことは得意という子もクラスにはいます。日記紹介では、そういう子にスポットライトを当てることができます。隠れていたその子のよさに気づき、認め合い、その子もうれしそうにします。子ども達同士が、日記を読み合ってお互いを理解し合っていくことが可能なのです。

日記紹介をするときの注意点は、子どもに「拒否権」を認めることです。たとえ日記に「読んで！」と書いてあっても、内容をみんなに知られたくないという場合もあります。そういうときは無理に紹介しません。子どもに拒否することを認めます。紹介されたくない場合は「読まない」とあらかじめ日記に書かせるとよいでしょう。（ずっと「読まない」と書く子は非常に稀で、クラスの日記熱が高まってくると、みんな「ぜひ読みたい！」と思うようです。）

○日記のシステム―無理なく一年間続けよう―

日記指導は一年間続けてこそ意味があります。だから、無理なく続けられるシステムにするべきです。私のクラスでの日記のシステムをご紹介します。

システム1　提出頻度：週に一度。月曜日に提出する。他の日にも書きたい人は書いてもよい。

提出させるのは、週に一度、月曜日のみです。子ども達は、基本的には土日に書いてくることになりますが、平日に書く子もいます。「日記」というと、毎日取り組まなくてはいけないと敬遠する先生が多いですが、毎日書かせ、そしてそれを読むのは、子どもにとっても教師にとっても負担が大きいものです。ですから、私は週に一度にして、その代わり「質」を求めることにしています。週に一度であれば、一年間挫折することなく続けられます。「他の日にも書きたい！」という子もいるので、その場合ももちろん書いてよいことになっています。他の日に書かれたものももちろん教師が目を通し、「読んで！」になる可能性もあります。しかし、他の日に書くことは決して強制はしません。

システム2　用紙・分量：用紙は基本的に400字原稿用紙を使用、分量は自由。

私は、基本的に原稿用紙を使用します。どれくらいの分量を書けたかが分かりやすいです。もちろん、端末を活用してもよいと思います。クラスの実態に合わせてよいでしょう。書く分量は自由です。必ず一枚は書くことなどとルールは設けません。マスを埋めることが目的になってしまうからです。

システム3　基本スケジュール：月曜日　提出、火～木曜日　一つずつ丁寧に読みコメントと「読んで！」を選ぶ、金曜日　日記紹介。

月曜日に提出された日記を、空き時間などを利用して丁寧に読んでいきます。教師が丁寧に読み、評価するから、子どももいい加減に書かず頑張って書くようになります。木曜日までに読み終え、コメントすればいいので、かなり余裕があります。これなら一年間無理なく続けられます。金曜日には日記紹介をします。多くの子が土日に書くので、金曜日に紹介してから家に帰すことで、友達の日記を参考にしやすいのです。

システム4　賞罰は設けない。

日記に関して賞罰は設けません。これは、「素晴らしい日記を書いたからシール一枚」とか、逆に「日記の宿題を忘れたからおかわりなし」というような、日記を書いたから何かご褒美があるとか、逆に日記を書かないと罰があるというシステムにしない、ということです。あくまでも、「書くことが楽しい」「日記を読み合うのが楽しい」という雰囲気をつくっていくことが重要だと考えているからです。賞罰を設けると、そこが歪んでしまいます。

○5年生の子ども達が書いた日記

ここからは、紙幅の許す限り実際に5年生の子ども達が書いた日記をご紹介したいと思います。

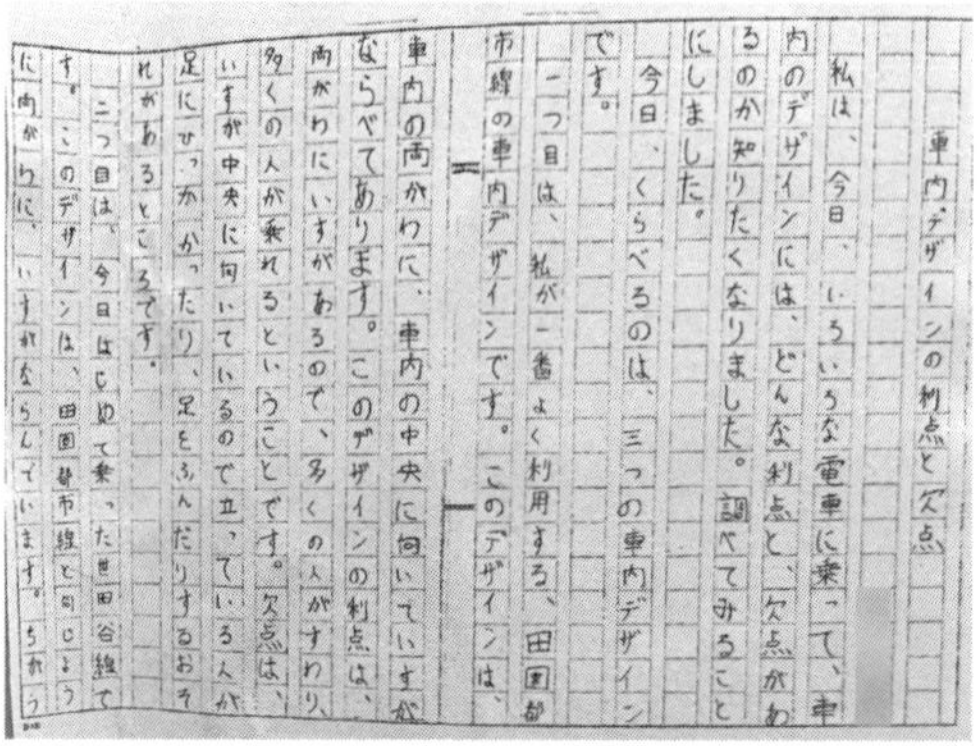
車内デザインの利点と欠点

私は、今日、いろいろな電車に乗って、車内のデザインには、どんな利点と、欠点があるのか知りたくなりました。調べてみることにしました。

今日、くらべるのは、三つの車内デザインです。

一つ目は、私が一番よく利用する、田園都市線の車内デザインです。このデザインは、車内の両がわに、車内の中央に向いていすがならべてあります。このデザインの利点は、両がわにいすがあるので、多くの人がすわり、多くの人が乗れるということです。欠点は、いすが中央に向いているので立っている人が足にひっかかったり、足をふんだりするおそれがあるところです。

二つ目は、今日はじめて乗った世田谷線です。このデザインは、田園都市線と同じように両がわに、いすがならんでいます。ちがう

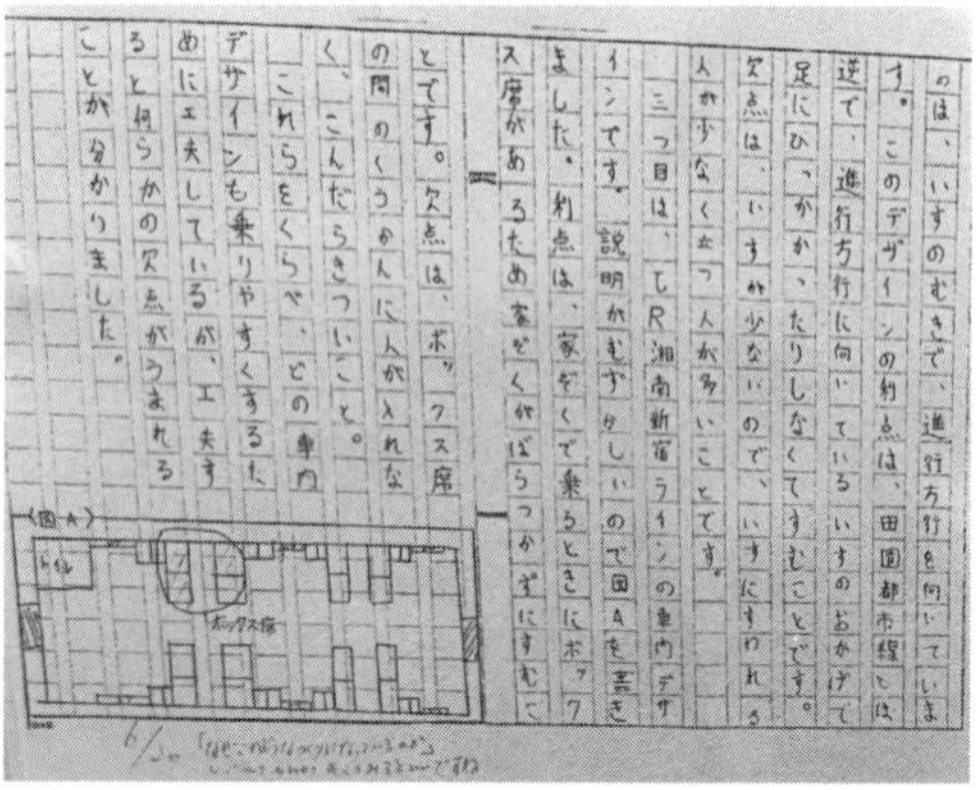
のは、いすのむきで、進行方行を向いています。このデザインの利点は、田園都市線とは逆で、進行方行に向いているいすのおかげで足にひっかかったりしなくてすむことです。欠点は、いすが少ないので、いすにすわれる人が少なく立つ人が多いことです。

三つ目は、JR湘南新宿ラインの車内デザインです。説明がむずかしいので図Aを書きました。利点は、家ぞくで乗るときにボックス席があるため家ぞくがばらつかずにすむことです。欠点は、ボックス席の間のくうかんに人が入れなく、こんだらきついこと。

これらをくらべ、どの車内デザインも乗りやすくするために工夫しているが、工夫すると何らかの欠点がうまれることが分かりました。

様々な種類の電車に乗って，比べてみて気づいたことについて詳しく書いています。座席のつくりについて分析しているのがとても面白い日記です。

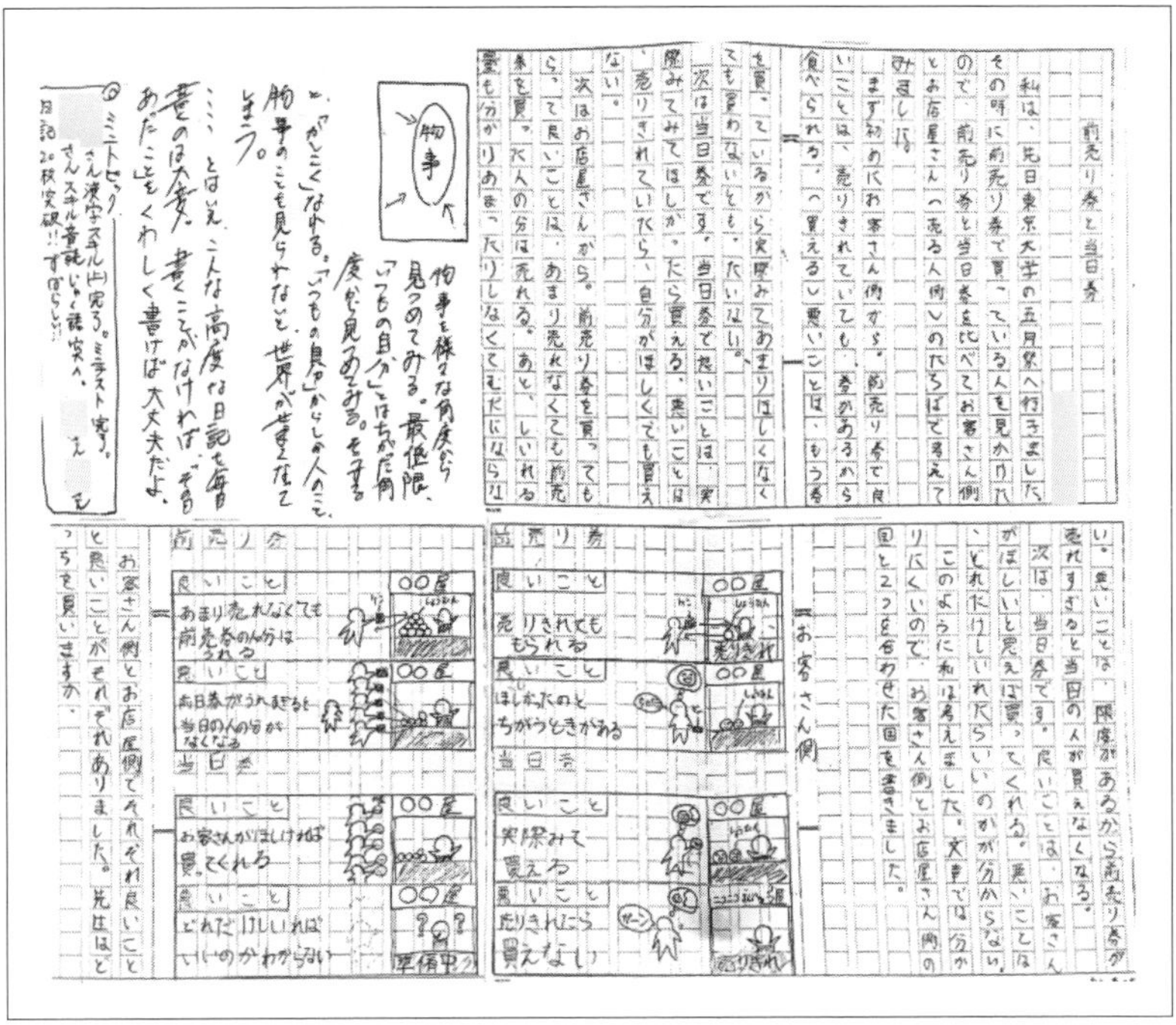

前売り券と当日券

私は、先日東京大学の五月祭へ行きました。その時に前売り券で買っている人を見かけたので、前売り券と当日券を比べてお客さん側とお店屋さん（売る人側）の立ちばで考えてみました。

まず初めにお客さん側から。前売り券で良いことは、売りきれていても、券があるから食べられる。（買える）悪いことは、もう券を買っているから実際みてあまりほしくなくても買わないともったいない。

次は当日券です。当日券で良いことは、実際みてみてほしかったら買える。悪いことは、売りきれていたら、自分がほしくても買えない。

次はお店屋さんから。前売り券を買ってもらって良いことは、あまり売れなくても前売り券を買った大人の分は売れる。あと、しいれる量も分かりあまったりしなくてもむだにならない。悪いことは、限度があるから前売り券が売れすぎると当日の人が買えなくなる。

次は、当日券です。良いことは、お客さんがほしいと思えば買ってくれる。悪いことは、どれだけしいれたらいいのかが分からない。

このように私は考えました。文章では分かりにくいので、お客さん側とお店屋さん側の図と2つを合わせた図を書きました。

お客さん側

前売り券
良いこと　売りきれても　もられる　○○屋　売りきれ
悪いこと　ほしかったのと　ちがうときがある　○○屋
当日券
良いこと　実際みて　買える　○○屋
悪いこと　売りきれたら　買えない　売りきれ

前売り券
良いこと　あまり売れなくても　前売券の人分は　うれる　○○屋
悪いこと　当日券がうれすぎると　当日の人の分が　なくなる　○○屋
当日券
良いこと　お客さんがほしければ　買ってくれる　○○屋
悪いこと　どれだけしいれれば　いいのかわからない　○○屋　準備中

お客さん側とお店屋側でそれぞれ良いことと悪いことがそれぞれありました。先生はどっちを買いますか。

物事

物事を様々な角度から見つめてみる。最低限、「いつもの自分」とはちがった角度から見つめてみる。そうすると「かしこく」なれる。「いつもの自分」からしか人のことも物事のことも見られないと、世界がせまくなってしまう。

……とはいえ、こんな高度な日記を毎日書くのは大変。書くことがなければ、その日あったことをくわしく書けば大丈夫だよ。

◎ミニトピック
さん漢字スキル(上)完了。ミニテスト完了。
さんスキル音読じゃく読突入。
日記20枚突破!!すばらしい!!

前売り券と当日券という面白いテーマ。大学祭に行って「自分なりのテーマ」を見つけています。そのテーマに沿って，「焦点を絞って」書くことができています。さらに，「自分なりの考え」を持てています。この日記をクラスに紹介すると，子ども達は，「面白い！」と，「長所と短所日記」がしばらくブームとなりました。

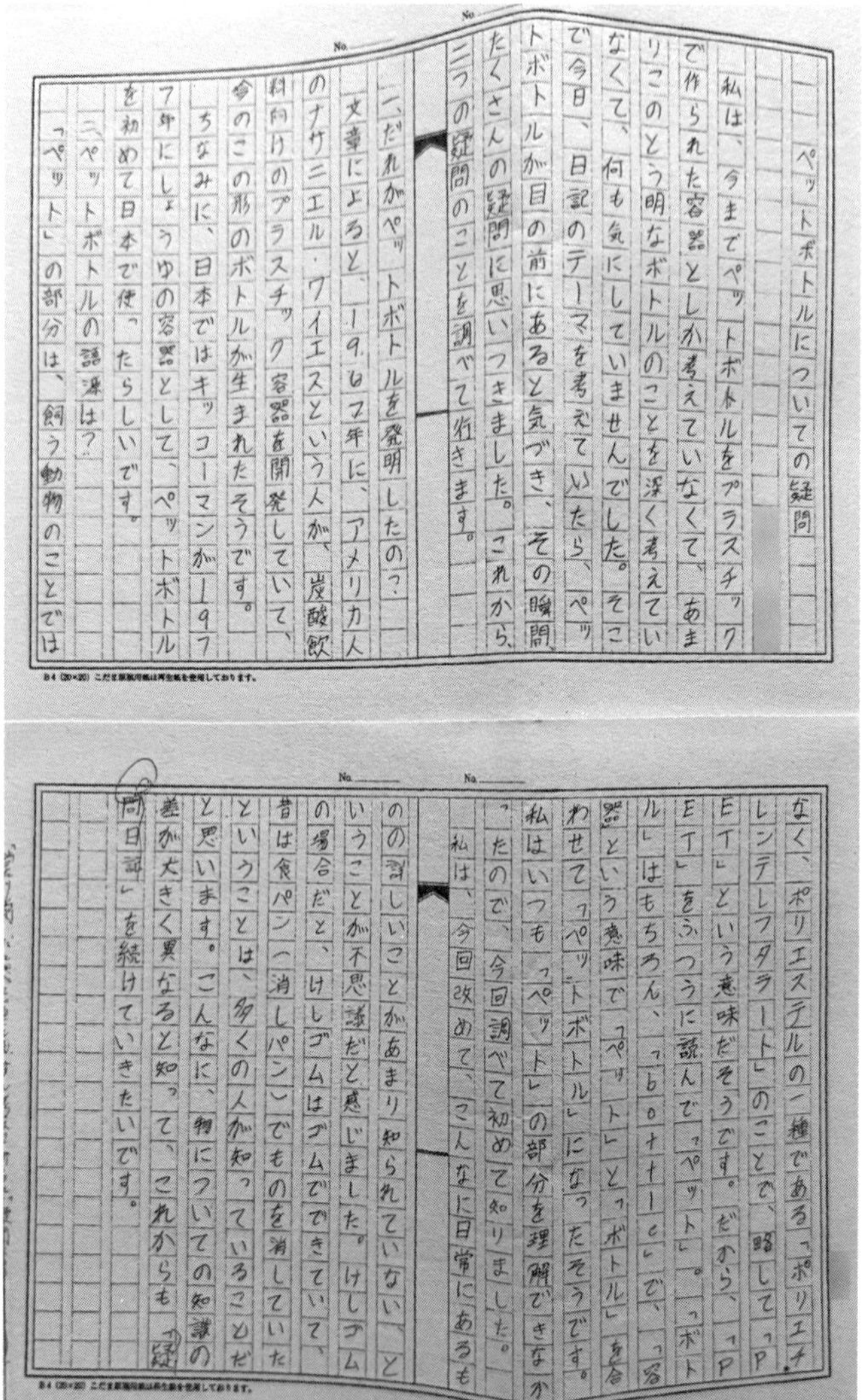
ペットボトルについての疑問

私は、今までペットボトルをプラスチックで作られた容器としか考えていなくて、あまりこのとう明なボトルのことを深く考えていなくて、何も気にしていませんでした。そこで今日、日記のテーマを考えていたら、ペットボトルが目の前にあると気づき、その瞬間、たくさんの疑問に思いつきました。これから、二つの疑問のことを調べて行きます。

一、だれがペットボトルを発明したの？

文章によると、1967年に、アメリカ人のナサニエル・ワイエスという人が、炭酸飲料向けのプラスチック容器を開発していて、今のこの形のボトルが生まれたそうです。

ちなみに、日本ではキッコーマンが1977年にしょうゆの容器として、ペットボトルを初めて日本で使ったらしいです。

二、「ペット」ボトルの語源は？

「ペット」の部分は、飼う動物のことではなく、ポリエステルの一種である「ポリエチレンテレフタラート」のことで、略して「PET」という意味だそうです。だから、「PET」をふつうに読んで「ペット」。「ボトル」はもちろん、「bottle」で、「容器」という意味で「ペット」と「ボトル」を合わせて「ペットボトル」になったそうです。

私はいつも「ペット」の部分を理解できなかったので、今回調べて初めて知りました。

私は、今回改めて、こんなに日常にあるものの詳しいことがあまり知られていない、ということが不思議だと感じました。けしゴムの場合だと、けしゴムはゴムでできていて、昔は食パン（消しパン）でものを消していたということは、多くの人が知っていることだと思います。こんなに、物についての知識の差が大きく異なると知って、これからも疑問日記を続けていきたいです。

ペットボトルについての疑問を調べて考えをまとめています。日常にあるものの詳しいことは知られていないということに改めて気づいています。

（3）ピッタリ作文を通して高める

↓資料編172ページへ

書く質を高めていく方法を、日記の他にもう一つご紹介します。それは、「ピッタリ作文」です。これは、文字数を限定した作文（私は140字で行っていました）をガンガン書いていくという実践です。

文字数限定作文は藤原与一（1965）で提唱されたものです。この文字数限定作文では次のような力を育てることができます。

・楽しく書く意欲
・言葉を吟味する力
・一文一文を正しく書く力

まず、子どもが取り組みやすいということです。書く長さが限定されていて、終わりが見えているので、どんな子も気軽に取り組むことができ、非常に意欲的になります。

〈たこのオスメス〉
①私は、たこを使うとき必ずメスを使っています。今回は、なぜメスのたこを使っているかを説明します。私がメスを使っている理由は、メスはオスに比べて筋肉が少なくて柔らかいからです。また、吸盤がそろっているから見た目がいいという意味でも使っています。ぜひ、オスメスの触感を比べてみてください。

〈牧場　アレルギー〉
②小さい頃から牧場にいると、アレルギーになりにくい。なぜなら、牧場にある細菌に触れて、発達中の免疫を訓練させるからだ。そうすると、細菌に慣れてアレルギーになりにくくなるのだ。もうすでにアレルギーが一つでもある人も、行ったら細菌に慣れて、今あるアレルギーが一つ、なくなるかもしれない。

〈ワンピース〉
③ワンピースという単語には色々な意味がある。例えば、一つのピース（ちょき）、一つのパズルピース、洋服のワンピースなどと色々な意味がある。一つの単語を深掘りするだけでいろいろな意味が出てくるのは、とても面白いと思う。けれど、ワンピースと言ったときにどのワンピース？となるのは困ると思う。

次に、子どもが自然と言葉を選んだり、表現を吟味したりするようになるということです。指定された字数ピッタリにしなければならないので、自然に言葉を精選するのです。自ら辞書を使い、言葉を調べながら文章を書く姿が見られるようになります。これは、語彙を増やすことにもつながります。

最後に、一つ一つ言葉の使い方や文がおかしくないか、などを教師がチェックすることが大切です。日記ではそういう細かいことはあまり指導せず、先に挙げたような自分なりの考えが書かれているかなどを重視して指導します。一方、この文字数限定作文では、文の主述のねじれや言葉の使い方など細かくチェックして直させます。合格しないと次の文にいけないシステムになっています。なぜこの文字数限定作文で細かくチェックして直させるかというと、その方が子ども達にとっても直す負担が小さいからです。長い文章を直すのは骨が折れますが、140字程度の文ならば容易に直せます。教師もチェックの負担が軽く済み、持続可能になります。子ども達も、一つ合格すると「やった！」と嬉々として次の文を書けます。レベルアップのようなシステムで細かく区切りもあって意欲が持続しやすいというメリットもあるのです。

日記は基本的に宿題で書いてきます。ある程度の量と質の文章ですから、時間がかかるのです。一方、ピッタリ作文は手軽に数分程度で行うことができます。なので、国語授業の冒頭数分間や隙間時間などにパッと行うことができます。帯活動のようにして行うとよいでしょう。原稿用紙を使っても、前ページの写真のように端末を使ってもよいと思います。活動の流れについては資料編をご覧ください。

3 反論作文

書くことの指導を突き詰めていくと、あることに気がつきます。それは、子ども達の考える力を高めなくては、どうしても頭打ちするということです。そもそも書く内容を「考える」ことができなければ、どれだけ書く意欲と技能があっても、それ以上は「書く」質は高まりようがないということです。（これは、話し合いの指導にも同じことが言えます。）

もちろん、日記指導などを通して書き続けていくことで、徐々に思考力は高まっていくのですが、それでもやはりある一定のところまでいくと、思考力を意識的に高めていかなくてはいけなくなります。国語の力を育てる難しさはここにあります。私達は「話す・聞く」「書く」「読む」という領域ごとにその力を育てようとしています。しかし、本当に子ども達の力をグンと伸ばしたければ、その領域内に留まって考えていてはいけないのです。書いたり話したりするための、そもそもの内容を「考える力」を育てていかなくてはいけません。

高学年でおススメなのは、日記指導に少しアレンジを加えて、思いきり論理性を伸ばしていく活動にすることです。具体的には、私は「反論作文」を書かせていました。これは、私が子ども達の議論する力をさらに伸ばしたい、だけれど頭打ち感があるなぁと悩んでいたときにふと手に取った香西秀信（1995）からヒントを得て5年生の子ども達と一緒に取り組んだ実践です。

実践の方法は、私から子ども達に対して次ページのような「反論材料」を提示します。私の場合は通信に載せていました。そして、子ども達は週末の宿題として、「反論材料」に対して反論する文章を書いてくるのです。ポイントとしては、最初のうちは、反論しやすいポイントをあえて含んだ「反論材料」を提示すること、書き方を明確に指導することです。例示した子ども達の文章のように（76～77ページ）、第一段落で明確に自分の意見を示させます。そして、その根拠と理由を「第一に、第二に……」と示していき、最終段落でまとめるのが基本形です。はじめはこの基本形通りに書かせます。そうすることで、肝心要である自分の意見の根拠や理由を「考える」ことに集中させるのです。

さらに、私が最大の重要なポイントと認識していたのが「引用させる」ことです。相手の意見に対して反論する際、その反論する相手の意見を過不足なく引用させて、そのことについて根拠と理由を挙げて反論していく文章を書かせることです。そうすることで、子

制服にしよう！

土居　正博

私は、富士見台小学校も制服にした方がよいと考える。それは以下の三つの理由からである。

第一に、制服の方がカッコいいからである。私と同じように、私服より制服の方がカッコいいと思う人は多いはずである。だから制服の方がいいのである。

第二に、制服は種類がたくさんあるため、選ぶことができるので、自由だからである。私の高校でも、ポロシャツ、ワイシャツ、長袖ワイシャツなどたくさんの種類があった。その中から着るものを決められて、とても自由である。

第三に、制服にした方が、お金がかからないからである。私服だとたくさん服を買わなければいけないため、お金がかかってしまう。だが、制服であれば、一度買えばお金はかからないから得である。

以上三点から、私は富士見台小学校も制服にした方がよい、と考える。

ども達は相手の言っていることをよく吟味し、批判的に捉えるようになります。

　この実践は、子ども達がある程度育っていると、熱狂的に盛り上がります。ある子は週末ずっと、反論作文を書くために根拠となるデータ集めをしていました。また、普段の日記で「給食から牛乳をなくしたい！」とか「ノートをなくそう」などという主張文のようなものが出てくるようになります。そうすれば、わざわざ教師の方から「反論材料」を出さずとも、「先生、今度の週末はこの○○さんの日記に反論する作文を書きたいです！」と言って自然と連鎖していきます。

　反論作文を通して、子ども達は自分の意見を主張するための根拠と理由を挙げることが格段に上手になっていきます。そうすると、書く文章の質は格段に上がり、主張文のようなものが出されるようになります。また、議論の質も非常に高まります。こうやって鍛えられていくと、教師もうかうかしていられない状態になります。誤魔化しなどはすぐに見抜いてくるからです。ある意味、教師も鍛えられていくのです。

こくていねい

「制服にしよう!」に反論

私は、土居氏の「富士見台小学校も制服にした方がよい」という意見に反対である。

第一に、土居氏は、「私と同じように、私服より制服の方がカッコいいと思う人は多いはずである。」と言うがこれは、土居氏が制服のほうがカッコいいと思っていて、それは一人一人制服のほうがカッコいいと思っているかいないかは個人の意けんだから、である。次に、「はずである。」は、「はず」だから本当に調べたわけではない。本当に調べて制服の方がカッコいいというならばごうかくと思う。「第一に、制服の方がカッコいいからである。私と同じように私服より制服のほうがカッコいいと思う人は多い。」である。

第二に、土居氏は、「制服は種類がたくさんあるため、選ぶことができるので自由である。」と言うがこれは、私服のほうが自由だと思う。土居氏は、ポロシャツ、ワイシャツ、半長袖ワイシャツなどたくさんの種類があると言っていたが、私服のほうが種類があると思う。Tシャツだけでも、青、赤、黄、緑、色も形も豊ふであるという点でまちがっている。

54

第三に、土居氏は、「制服であれば、一度買えばお金はかからないから得である。」と言うが、これは、制服を買うのは一度じゃすまないと思う。高校では、三年間だし、三年間であまり身長は変わらないから一度でいいかもしれないが、小学校は、六年間だし、特に一年生は、あばれているからよごれるし、制服のほうが一着の値段が高いからであるというという点でまちがっている。

以上三点から私は土居氏の意見に反対である。

AA

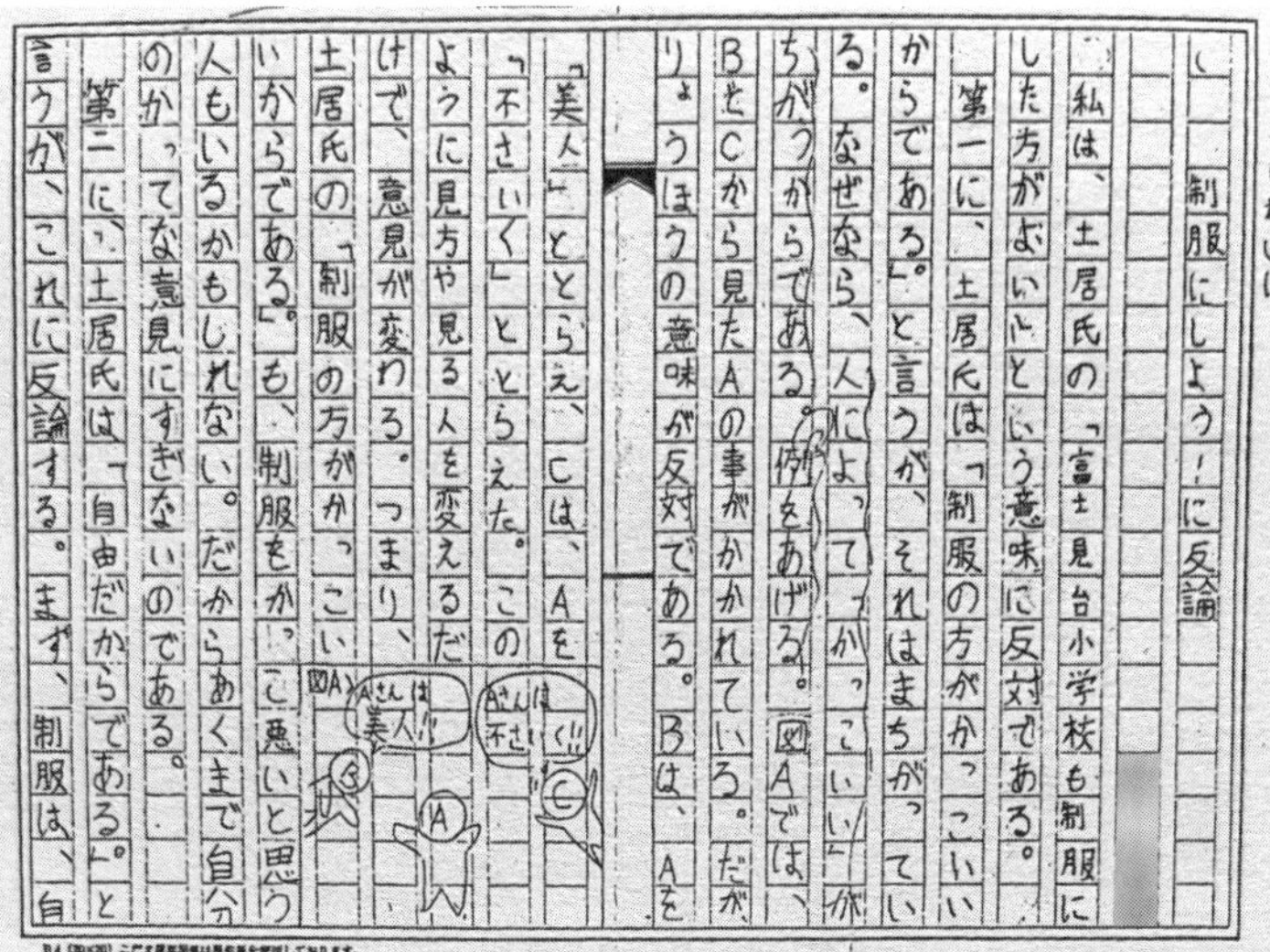

こくていねいに

「制服にしよう!」に反論

し

私は、土居氏の「富士見台小学校も制服にした方がよい」という意味に反対である。

第一に、土居氏は「制服の方がかっこいいからである。」と言うが、それはまちがっている。なぜなら、人によって「かっこいい」かちがうからである。例をあげる。図Aでは、BとCから見たAの事がかかれている。だが、りょうほうの意味が反対である。Bは、Aを「美人」ととらえ、Cは、Aを「不さいく」ととらえた。このように見方や見る人を変えるだけで、意見が変わる。つまり、土居氏の「制服の方がかっこいいからである。」も、制服をかっこ悪いと思う人もいるかもしれない。だからあくまで自分のかってな意見にすぎないのである。

第二に、土居氏は「自由だからである。」と言うが、これに反論する。まず、制服は、自

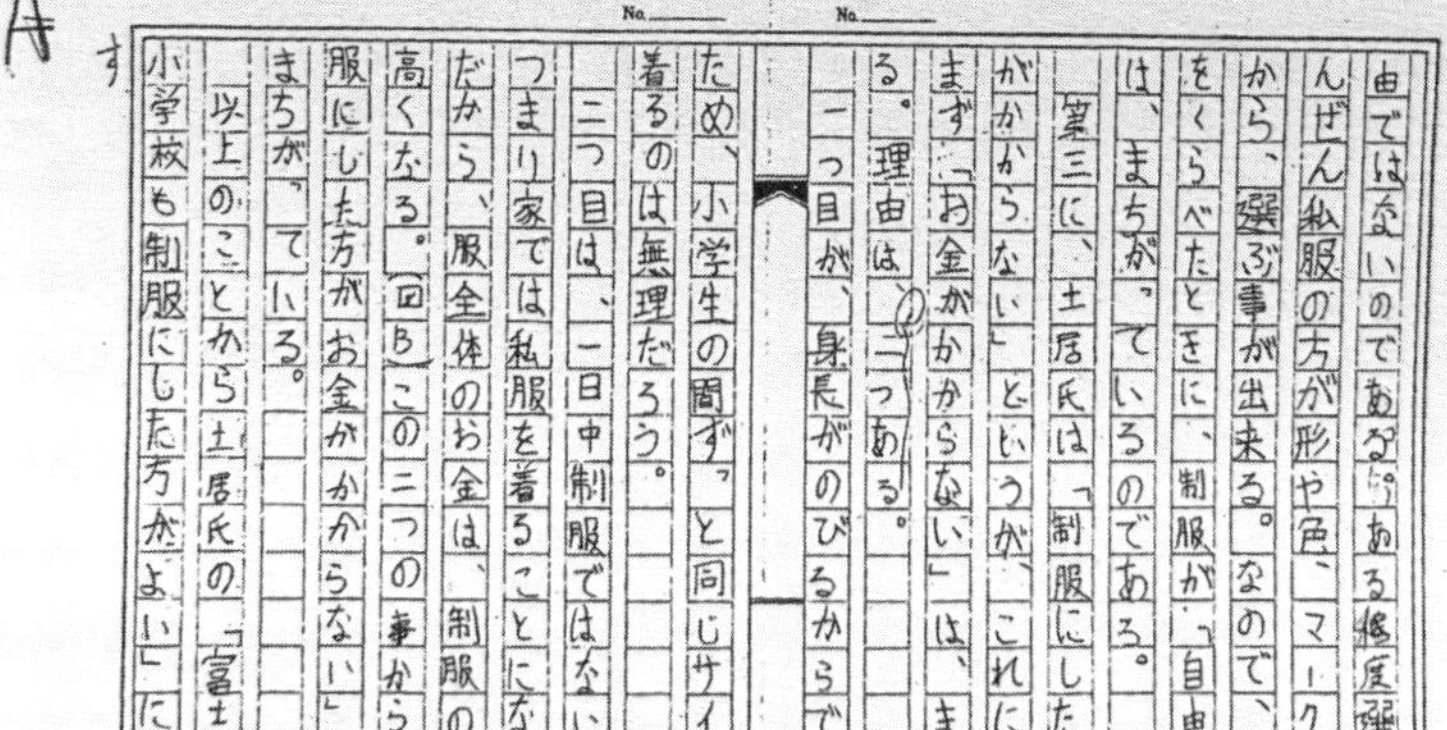

A

由ではないのである。ある程度選べても、だんぜん私服の方が形や色、マークやから一つから、選ぶ事が出来る。なので、私服と制服をくらべたときに、制服が「自由」というのは、まちがっているのである。

第三に、土居氏は「制服にした方が、お金がかからない」というが、これに反論する。まず「お金がかからない」は、まちがっている。理由は二つある。

一つ目が、身長がのびるからである。そのため、小学生の間ずっと同じサイズの制服を着るのは無理だろう。

二つ目は、一日中制服ではないのである。つまり家では私服を着ることになる。だから、服全体のお金は、制服の方が高くなる。(図B)この二つの事から、「制服にした方がお金がかからない」は、まちがっている。

以上のことから土居氏の「富士見台小学校も制服にした方がよい」に反対する。

4 単元の指導―うまくカリキュラム・マネジメントを行っていく―

本章をお読みになり、「書くこと単元の他にどうやったらこんなに書く時間を取れるのだ？」とお思いになる先生もいらっしゃるでしょう。しかし、はじめに述べたように、書く力は残念ながら書くこと単元だけでは育てられません。全教育活動を通じて育てると言っても過言ではありません。ですので、宿題での日記なども活用しているわけです。それでは、書くこと単元はどんなことを指導すればよいのでしょうか。書くこと単元は、様々な文章の種類があることやその書き方を子ども達に指導していくべきものだと私は考えています。つまり、普段の膨大な書く実践の上にのってくるものであり、それだけで子ども達の書く力を育てられると思ったら大間違いなのです。

５年生では「報告文」「グラフや表を用いた主張文」「意見文」などを扱います。その中で、報告文の基本的な型、グラフや表の選び方、引用文献の掲載の仕方などを学びます。こうしたことを「取り立てて」指導するのが教科書の書くこと単元です。ですから、逆に言うとこれらのことをしっかり指導できれば、教科書に載っている題材ではなくてもよいのです。教科書では「『～について』報告する文章を書こう」と、その題材も指定されているように見えます。しかし、大切なのは指導事項であり、題材ではありません。ですから、カリキュラム・マネジメントを行い、他教科などと絡めていってもよいでしょう。私の場合、「報告文」は総合の環境学習と絡めることが多くありました。総合ではスライドを作成させ、その詳しい内容を報告文で書かせるといった具合です。そうすれば、子ども達は書く「題材」を二度集める必要がなく、題材を一度集めればそれを総合でスライド発表し、国語では報告文の書き方を学んでその型で文章を書いていけばよいのです。

　このようにカリマネしていけば、数時間浮かせられ、その浮いた時間を使ってこれまで紹介してきたような他の書く学習に充てていくことができます。そうすれば子ども達の書く力はさらに高まっていきます。何度も言いますが、書く力は書くこと単元だけでなく普段の教育活動すべてを通じて育てましょう。そうすれば、書くこと単元の学習効果も自ずと高まります。

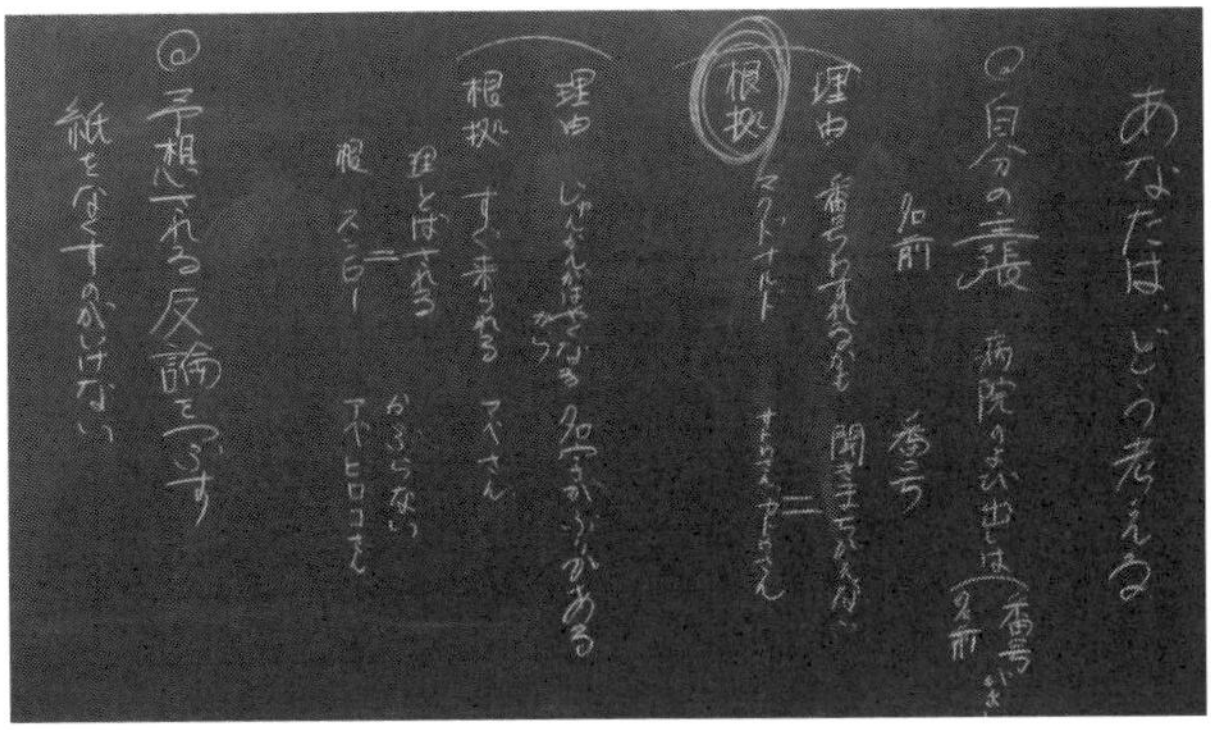

5 「あなたは、どう考える」（意見文）の指導は、話し合わせてから書かせる

　5年生では自分の意見を書く意見文について学習します。意見文を書かせる際は、いきなり文章を書かせるのではなく、まず軽く話し合いをしてみてから改めて文章を書かせるようにします。そうすると、話し合いで両側からの意見を聞いた上で文章を書けるので、自分の考えやその根拠と理由を考えるのが難しい子が取り組みやすくなります。また、この単元では、予想される反論に触れながら自分の意見を主張する、ということも指導します。ここで難しいのが

反論を予想するということです。他者を頭の中で想定してその意見に対する意見を書かなければいけませんから、かなりハードルが上がります。重要なのは、自分とは違う意見を含め様々な角度から検討した上で自分の考えを決定するということです。ここでも、話し合ってから書くことで、この課題をクリアできます。

話し合いでは、まず自分の意見をどちらかに決めさせ、その理由や根拠を出させます。このとき、根拠としては具体的事実を出させることが重要です。これらを黒板に書き出しておくだけでも、かなり意見文を書くヒントになります。そして、互いの意見に対して簡単に反論をさせます。「いや、でも……」と反論に対する反論が出てきそうになったところで、話し合いを打ち切り、「続きは文章に書きましょう。」と伝えます。ここまで話し合いをしておくと、子ども達は自分の意見に対する反論もかなりイメージがわきやすくなり、文章の中で触れられます。

反論を踏まえた意見文を書いたら、クラスで振り返りをしましょう。反論を踏まえることで、自分の意見や思考の幅が広がり、豊かになったことを共有したいものです。他者と考えを交流することには大きな意味があるのだということに改めて気づける学習にしていきましょう。

6 俳句は、俳句クイズを通して言語感覚を養ってから「日常的」につくらせる

→資料編178ページへ

5年生の書くことでは、俳句をつくる学習も行います。とはいえ、いきなり17音で俳句をつくらせ

ても、「楽しかった」「おいしかった」という普通の言葉のオンパレードになります。まずは俳句クイズで子ども達の言語感覚を養いましょう。（活動の詳細は資料編をご覧ください。）簡単に言うと、同じ小学生のつくった俳句を虫食い問題にして出題し、クラスみんなで考えるというものです。これを通して、子ども達は俳句に親しむとともに、限られた17音の中で「楽しい」「うれしい」など普通の言葉を使わず、いかに自分の伝えたいことを伝えるか、という感覚を楽しみながら学ぶことができます。

その後、いよいよ俳句をつくらせていきます。俳句をつくる活動は、「ピッタリ作文」と同様、言葉を吟味する力が高まるので、真剣に継続的に取り組むと非常に子ども達が育ちます。これを小単元の数時間に留めていてはその効果も限定的になってしまいます。

私は、行事の度や一週間に一度など定期的に子ども達に俳句をつくらせるようにしていました。一日の始まりに「今日は一句詠んでもらいます。」と宣言しておき、帰りの会で一句つくらせるのです。資料編に「今日の一句」と称して詳細をご紹介していますので、ご参照ください。

7 他教科でも書く

最後に、国語だけでなくあらゆる教科でも、意欲的に書きまくる子ども達の姿をご紹介します。国語科だけで閉じず、全教科で「書きたい！」という意欲を引き出していけば、全教育活動を通して子ども達の書く力を育てていけます。

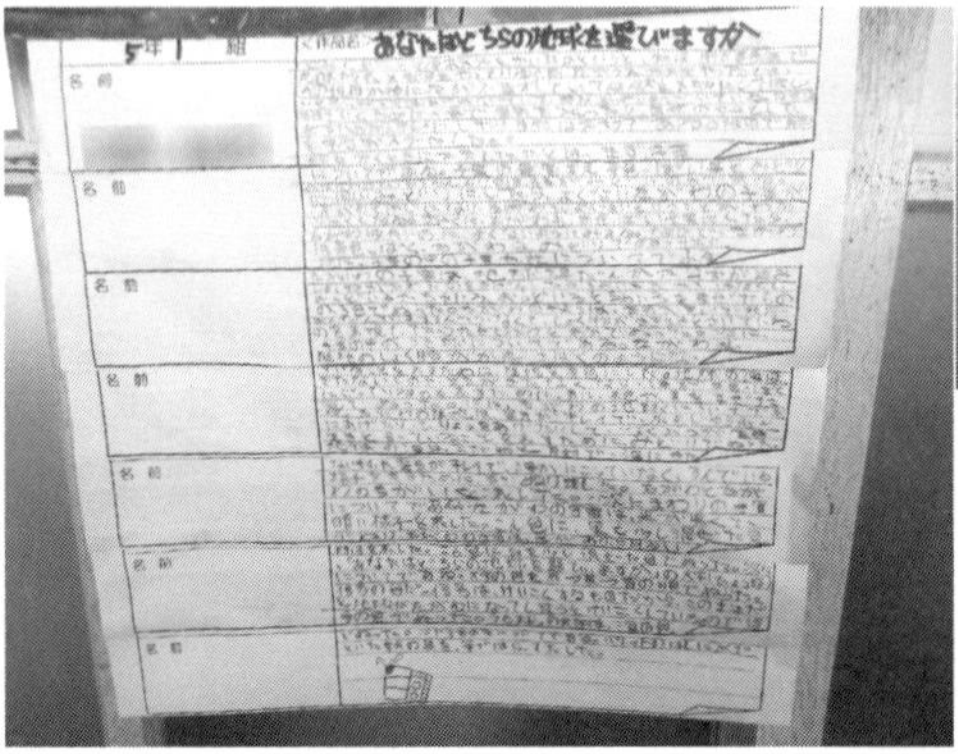

図工で環境保全を呼びかけるポスターを作成した，その作品カードには環境問題に対する自分の思いが溢れ出ている。

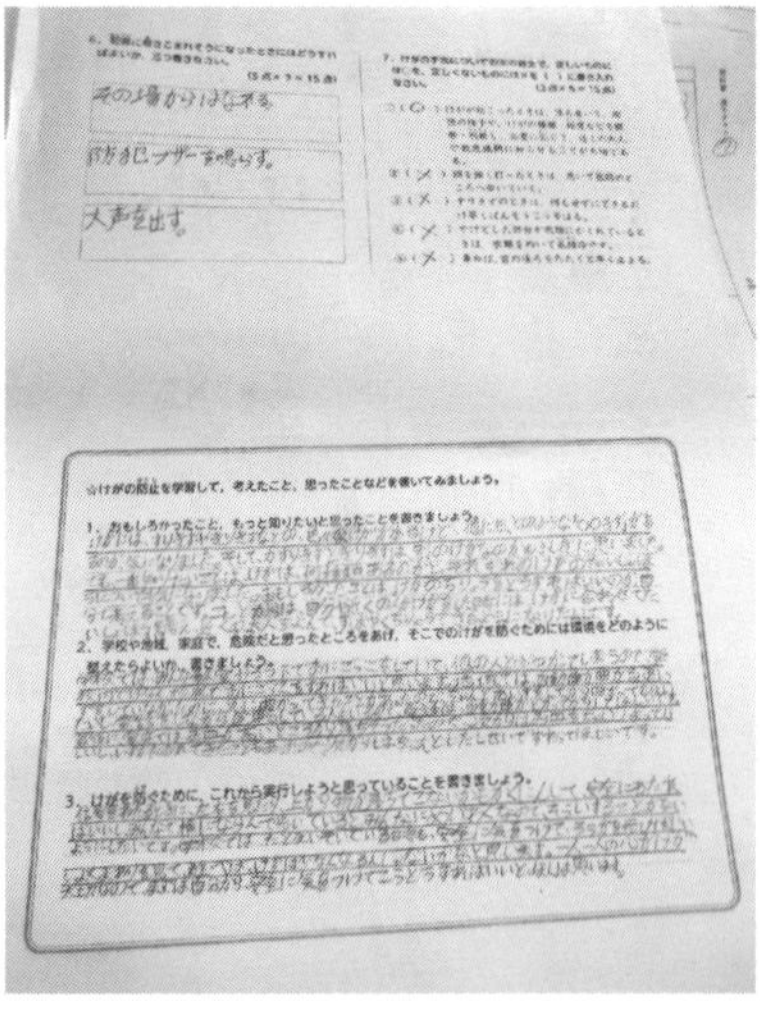

保健テストの裏面。学んだことをどのように生かすか具体的に書いている。

音楽の授業の一環で，地域の方々の琴と尺八の演奏を聴いた感想。行を自分で割っている。

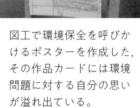

第3章

読むことの指導

「読むこと」の指導において、私がどの学年への指導でも重要視しているのが音読です。学習指導要領では、音読は「思考力、判断力、表現力等（読むこと）」ではなく「知識及び技能」に位置づけられていますが、実際に指導していく上では、音読はやはり読むことの基礎に当たり、子ども達の読む力を高めていく際には、絶対に避けては通れないことだと考えています。

高学年になると、４年生までよりも国語授業の時数は減ってきます。それに伴い、読むこと領域の時数ももちろん減ってきます。ですから、限られた時数の中でどうしても「とにかく指導事項を網羅せねば」という思いが教師の頭の中を占めるようになってきてしまいがちです。

しかし、音読すらまともにできないようでは、いくら高学年の指導事項を扱って高度な授業をしたところで、それは砂上の楼閣を築くようなものです。音読は読解力の基礎であると同時に、学力全体の基礎です。５年生にとっても音読指導に力を入れていくことは重要です。それが、読解の基礎を固めることにもつながり、全員を同じ土俵に立たせることにもつながるからです。スラスラと読み上げることすらできないのに深い読み取りなどできません。

年度のはじめは音読指導に力を入れつつ基礎を固めていきながら、徐々に読解のレベルも高めていきましょう。ポイントとなるのは、序章でも述べたように、「関連づける（結びつける）」ことです。文章同士や文章と自分の経験や知識とを、常に関連させながら、結びつけながら読むことが重要です。

学習指導要領においても、「読むこと　ウ」では「文章と図表などを結び付ける」と、文章と図表とを関連させながら読むということが示されています。また、「読むこと　エ」では「人物像や物語などの全体像」という言葉が出てきます。「全体像」をつかむには、叙述と叙述を結びつけたり、何がどう描かれているか内容と表現とを関連させたりして、総合的に考えていかなければなりません。

文章と図表との結びつけにしても、全体像をつかむ読みにしても、文章中に直接的に書かれていることを超えて、子ども達が文章の中で示されたものを結びつけて自分なりに「こういう意味があるんじゃないかな」「筆者はこういう意図があったんじゃないかな」などと、「推測」して読んでいく必要があるのです。よく、文学的文章で直接書かれていないことを、文脈を頼りに推測することを「行間を読む」と言いますが、このような直接書かれていないことを推測する読みは非常に高度であり、高学年に求められる読みです。文章で直接表現されていないことまでも「推測」できるようにするために、結びつけることは欠かせないのです。

このように、5年生の読むことの指導は、書かれている文を読み上げるところから、書かれていないことまで読み取り推測するというところまで、非常に幅があります。教師が子ども達の実態をつかみ、必要な指導をしていくことで、着実に力をつけていくことができます。

1 音読指導

(1) 音読の重要性

音読といえば低学年のイメージが強く、高学年ではほとんど指導しないと思っている方や指導した覚えがないという方も多いかもしれません。しかし、スラスラと音読できる力はどの学年でも重要です。スラスラ音読することができないのに文章について深く読み取り、話し合うことはできません。まずここでは、音読の重要性について再確認しておきましょう。（本書では概要を押さえるに留めます。詳細をさらに知りたい方は拙著『クラス全員のやる気が高まる！音読指導法』（明治図書、以下『音読指導法』）をご覧ください。）

音読の意義は次の通りです。

> 音読は「読むこと」の枠に収まり切らない非常に広く基礎的な力である。読解力や国語科学力、全体的な学力とも相関があり、それらの基礎になっていると言える。

まず、学習指導要領に目を向けてみましょう。平成29年告示学習指導要領では、「知識及び技能」に位置づけられています。そして、指導要領解説（国語）では、音読に関して次のように述べられています（p.20）。

> 指導に当たっては、〔思考力、判断力、表現力等〕の「C読むこと」だけでなく、〔知識及び技能〕の他の指導事項や〔思考力、判断力、表現力等〕の「A話すこと・聞くこと」、「B書くこと」の指導事項とも適切に関連付けて指導することが重要であるため、今回の改訂では、「知識及び技能」として整理し、ここに示している。

音読は前回の指導要領では、「読むこと」に位置づけられていたのですが、平成29年版では、読むことだけでなく他の指導事項や他領域とも関わり、より基礎的で広範囲な力として位置づけが見直されていることが分かります。ただし、音読はどこまでいっても文章を「読む」ということに変わりはありませんから、これを育てる中心はやはり読みの授業と言えます。「読むこと」として位置づけがされていないからといって、読みの授業で育てなくてよいということでは決してありません。むしろ、小学生にとっては（特に低学年）、読みの授業の中心に据えても何ら間違いではありません。

次に、音読が読解力や学力全体とも大きく関わっていることについてです。

このことは、心理学や教育心理学の世界で多くの知見が示されています。例えば髙橋麻衣子（2013）では、読解能力の習得過程に音読が欠かせないことを示唆しています。犬塚美輪（2012）でも同様のことが言われています。また、荻布優子・川崎聡大（2016）では、音読（スラスラ読み上げる力）と学力とは相関関係にあるということをデータから導き出しました。そして、学力が低い層の方がその傾向はより強いということも明らかにしました。「スラスラ読み上げる」という意味での音読する力は、学力全体と大きく関わり、学力が低い子たちほど、音読する力も低いことが分かったのです。

このように、音読する力は読解力を伸ばすことや学力全体にも関わる重要な力なのです。実際、指導をしていてかなり学力が厳しい子も、音読ができるようになると大きく変わります。文章を自分で読み上げられるようになり、読み上げた声を耳で聞き意味が取れるようになっていき、テストなどを自分で受けられるようになっていくのです。他の教科でも資料を読めることが増え、授業に参加できることが格段に増えます。また、音読は子ども達にとっても「上手になった」と成長を実感しやすいというよさもあります。基本的にスラスラ読めるようになっていけば、音読ができるようになったと言え、それは自分でも判断が容易だからです。よって、子ども達は達成感を得やすく、学習への意欲や姿勢も上向きになりやすいのです。

5年生でも、子ども達の実態によっては音読がままならないことも少なくありません。そういう場合は意識的に音読指導のウェイトを増やし、積極的に音読力を育てていきましょう。必ず子ども達の姿や学力が変わっていきます。

(2) 音読の三原則を徹底して指導する

具体的にどのように子ども達の音読力を伸ばしていけばよいのでしょうか。『音読指導法』や本シリーズでも示しているように、私はまずは次の三原則を徹底して指導します。

- ハキハキ
- スラスラ
- 正しく

この三つを「音読の三原則」と呼びます。

まず「ハキハキ」とは、ゴニョゴニョと不明瞭に小さい声で読むのではなく、一音一音をはっきりとしっかりした声で読むことです。音読の大きな意義の一つが、声に出して読み上げることで、自分の声を自分で聞き、理解を確かめたり深めたりするということです。だからこそ、先に挙げたように自分でテストを受けられなかった子が音読することで受けられるようになるのです。しかし、普段からゴニョゴニョと不明瞭に小さな声で読んでいては、この効果が半減してしまいます。そのため、「ハキハキ」は非常に重要です。「ハキハキ」に関して一点注意が必要なのは、決して「大きな声で」ではないということです。声の大きさは子どもによって違います。全員に求めるのは「大きな声」ではなく、「ハキハキ」と明確に発音するということなのです。高学年になると、ゴニョゴニョ読む子が続出します。そういう音読を放っておかずに指導していくことは非常に重要です。

次に「スラスラ」とは、つっかえることなく流暢に読み上げることです。これは、音読指導の中心的なねらいとなる力です。「スラスラ読み上げる力」は読解力だけでなく学力全体とも相関するからです。しかし、現場ではあまり意識して指導されていません。というのも、他クラスの音読を聞くと、高学年であっても非常にゆっくり読ませている先生が多いのです。「少し早すぎるかな」と思うくらいの早さで読ませてちょうどよいです。小学生にとっての音読は、聞かせている人にとって分かりやすいように、というよりも自分の訓練のために、という意味合いの方が強いのです。ここを勘違いすると、いつも「ゆっくり」読ませることになります。重要なのは聞いている人に分かりやすいかどうかよりも、一人一人の子ども達にスラスラ読み上げる力がついていくかどうかです。子ども達に音読力を保障していく、と考えたとき、この「スラスラ」を全員に保障することだと捉えるとよいでしょう。

最後に「正しく」とは、書いてある文章を間違えることなく音読することです。いくら「ハキハキ」と「スラスラ」と読めても、読み間違えては意味がありません。一つ一つの言葉を正しく読むように、子ども達に指導していくべきです。正しく読むには、一つ一つの言葉を正しく認識する必要があります。「正しく」読み上げようとすることで、一つ一つの語句を正しく認識することにつながっていきます。語彙を増やすことが学習指導要領でも訴えられていますが、その一歩は語句を正しく認識し、読めることだと思います。そういった意味で、音読指導は語彙指導の第一歩とも言えそうです。

また、語だけを「正しく」読ませればよいのではありません。「区切り」も正確に読ませるようにしましょう。句読点以外では勝手に区切らせないようにすることです。句点はまだしも、読点には厳密なルールはありませんが、読点は著者や作者が打ったものですから、私は尊重すべきだと考えています。杉澤陽太郎（2000）でも同様のことが述べられています。ですから、句読点で区切るのを基本形として位置づけて読ませていくようにしています。そうすることで、クラスで「正しい」音読の基準ができ、子ども達も取り組みやすく、達成感を得やすくなります。

総じて、これら三原則を設けることは、「基準を設ける」ということです。基準を設けるからこそ、「よい音読」というものが設定され、子ども達はそれに向けて取り組むことができ、意欲も向上するのです。「何でもあり」では、やる気が出るはずがありません。試しに子ども達に何も指導せずに、年度はじめに音読させてみてください。ゴニョゴニョと不明瞭に、時には読み飛ばしたり読み誤ったりして、なおかつ区切りもいい加減に自分で好きなところで区切って読む子がほとんどでしょう。それでいて、「自分は音読なんて余裕でできる」と高を括っているでしょう。ほとんどの子がこういう状況だからこそ、指導のし甲斐があるというものです。三原則の指導をしていくだけで、高学年の子たちならすぐに変わります。そして、三原則の音読であれば、基本的にクラスの全員（もちろん特別な支援を要する子は除きます）がその気になれば取り組めます。だからこそ、年度のはじめに力を入れて指導し、クラス全体の前向きなエネルギーを引き出していけるのです。

(3)「具体化」と「共有」が音読指導成功のカギ

音読指導で重要なのは「具体化」と「共有」です。まずは、教師が「このように読んでほしい」という理想像を具体的にします。それは音読の三原則である「ハキハキ」「スラスラ」「正しく」がこれに当たります。

そして、その三原則を子ども達の声で「具体化」していきます。例えば、年度はじめに三原則を子ども達に示した後、◯読みをするとします。このとき、ボソボソと手を抜いた音読にはきっぱりと「ダメです。」と評価します。厳しく個別評価します。そうして「次の子、どうぞ。」とどんどん次に回してしまいます。クラス全体で何周か読ませると、最後には最初とは見違えるほどしっかり声を出して読むようになっていきます。その声をもって、「ハキハキとはそれくらいしっかり声を張ることだよ。」と伝えるのです。子どもに読ませて、個別に評価をしていきながら、「これくらい声を張って読むことがハキハキ読むということなんだ」ということを体験的に学ばせていくのです。つまり、個別評価をしつつ、子ども自身の声で音読の理想像を「具体化」させていくということです。

そうして、一人一人の中で音読の理想像が「具体化」されていくと、それがクラスのスタンダードになっていきます。これが「共有」です。ここまでくれば、そうやって読むのが子ども達の中で当たり前になっていきます。例えば、句読点でのみ区切って読むのが「正しい」と「共有」されていれば、誰かが音読をしていて違うところで区切ったとき「今のところ、点ないよ!」という指摘が飛んでくるのが「当たり前」になります。この「当たり前」を目指していくのです。「すべてよし」としているときとは、子ども達の音読への姿勢が違います。一回一回の音読に程よい緊張感が漂うようになります。正しい音読、目指すべき音読を一人一人の中で「具体化」し、それをクラス全体で「共有」していくことで、子ども達の音読に対する姿勢や声は大きく変化していくのです。

(4) 音読の時間をどのように確保し、どのように指導していくか

ここまで、音読の意義とその具体的な指導方針を述べてきました。それらは分かったけれど、そんな時間を到底確保できる気がしない、と思われる方もいらっしゃるでしょう。低学年や中学年と違い、高学年では国語の授業時数も減ってきているからです。

結論から言うと、年度はじめに時間をかけてしっかり指導するようにしていき、徐々に音読のウェイトを下げてバランスを取っていくということです。年度はじめこそ、全員の基礎を固め、そして全員を同じ土俵にのせるために音読指導に力を入れていきます。ずっと音読ばかりに力を入れていると時間がいくらあっても足りないので、年度の中で徐々に読解のウェイトを増やしていくようにします。

年度はじめの物語と説明文で、特に説明文で音読指導に力を入れて基礎を固めていきます。ここで言う「基礎」とは、子ども達の音読力自体ももちろんですが、それだけでなく意欲や家で取り組む姿勢も含みます。一般的に、高学年で音読の宿題を出しても家でいい加減に読んだり、やったフリをして音読カードに自分でサインをしたりしてしまうことが増えていきます。それは、学校でほとんど音読の指導をせず、子ども達の音読を教師が聞いて評価することをしないからです。音読カードを渡し

て、家で宿題として読ませるだけの「宿題任せ」では意欲的に音読に取り組むはずがないのです。

音読指導は、教師が子ども達一人一人の音読を聞くことが重要です。一人一人の音読を聞いて、初めてその子の音読する力が分かるからです。一人一人の音読を聞いた上で、個別に評価をしていくことが、音読力を伸ばしていくためにこの上なく重要です。一斉に音読させてそれを聞いて「声が出てきたね。」などと評価しても、一人一人の音読力を上げることにはつながりません。むしろ、ほとんど読めていないのにクラス全体に埋もれていって、発見されるのが遅れるかもしれません。子ども達一人一人の音読力を保障するには、個別評価、個別指導が命なのです。具体的活動等は資料編に示します。さらに音読指導について詳しく知りたい方は拙著『音読指導法』（明治図書）をご覧ください。

2 文学的文章の指導
―書かれていることを結びつけながら、書かれていないことも想像していく―

文学の授業において最も重要なことは、どこまでいっても子ども達が文学を楽しむことだと私は考えています。本来、これは達成が容易です。なぜなら文学にはもともと面白さがあるからです。子ども達は基本的に文学が好きです。文学指導の根本は、子ども達が文学を楽しむことにあります。このことを大前提としていきます。その上で指導上気をつけていかなければならないことがあります。

それは、書かれていることを基にして考えさせるということです。つまり、書かれていることから考えさせなければならないということであり、国語授業をただの妄想を語り合う場にしてはいけないということです。それでは、なぜ書かれていることを基にしなければならないのでしょうか。それは、国語授業があくまでも「言葉の力」を培うための営みだからです。ですから、国語授業を文章中の言葉を拠り所とする考えを語り合う場にせず、自分の中にある独りよがりな考えを語り合う場にしてしまっては、「言葉の力」は高まりようがないのです。

この際、注意が必要なのは「書かれていることを基にして考える」とは、書かれていることを基に想像したり、推測したりすることも含むということです。書かれていることだけを読み取らなければならないということでは決してありません。それでは、子ども達の自由な発想が生かされず、教師が発問する内容も単調なものになってしまいます。書かれていることを基にして、それらを結びつけて想像するとこうも考えられる、ああも考えられる、と語り合うような授業にしていくべきです。ですから、教師は子ども達の読みが「妄想」にならないように細心の注意を払いながら、子ども達の自由な発想を生かして豊かな「想像」や「推測」ができるように導いていくべきです。

そのためには、書かれていることを基にして考えさせることに加え、教材の特性を教師が捉えることが欠かせません。教材の特性を捉えるとは、簡単に言えば教材文の勘所を押さえるということです。それは、子ども達が意外と読めていないけれど物語の文脈で重要なところや、深く捉え直し議論すれば読みが深まり物語全体への理解が深まるところです。例えば、後述する「大造じいさんとガン」で言えば、「おとりのガンと残雪の対比」「大造じいさんの心情が表れている情景描写」などです。ここを捉え直すと物語に対する理解がより深くなる、というような点です。高学年の作品では、直接的に書かれていることはなく、言葉と言葉とを結びつけたり、言葉と自分の知識や経験とを結びつけたりすることで新たな意味が見出せていくことが多くなっています。そういう箇所について真剣に読み話し合うことで、「こんな仕掛けがこの物語に隠されていたのか！」とか「なるほど！　本文のあれとあれとあれをつなげて考えると、こうとしか想像できないな」と、改めて本文の言葉と言葉とを結びつけて考えること、すなわち自分の読みをつくっていくことやその深まりを体感できるのです。文学をさらに愉しむことができる子へと育っていきます。このように、教師が教材の特性を捉えることができれば、授業で取り上げるべき場面や言葉などが自ずと定まってきます。もちろん、これらは肝心の子ども達の実態と照らし合わせて授業で本決定していくものです。

石井光太『ルポ　誰が国語力を殺すのか』（2022）によれば、「ごんぎつね」の授業で子ども達が真剣に、「兵十が死んだ母を煮ている」と誤読したことが話題になりました。私からすれば、そもそもこの授業は、教師がそこを取り上げること自体がおかしいと思います。ここを取り上げて子ども達の読みが深まるのか、どんなことを考えさせたかったのか、疑問が残ります。また、教師がその場面を「取り上げる」ということは、授業の焦点を絞ることであり、子ども達の思考や視野にも絞り込みをかけることにつながります。そして、「先生がわざわざここを取り上げるということは、ここには何か意味があるはずだぞ」と子ども達は多かれ少なかれ深読みし始めるのです。これは紛れもない事実です。このようなことに加えて、葬儀に対する生活経験や知識の乏しさも相まってこの誤読は起こったのだと思いますが、そもそも教師がここを取り上げなければ誤読は起こらなかったと思います。

書かれていることを基にさせること、教材の特性を捉えて授業で取り上げる箇所を精選することを念頭に置いて文学の授業をつくっていきましょう。

①文学的文章の第一教材の指導

○単元の流れ　（　）内は主な発問

①学習の見通しを持つ。全文を読み、あらすじを書き交流する。音読練習をする。
②設定を確認する。対象人物、視点人物などの用語を押さえる。音読練習をする。
③春花の心情の変化を読み取る。（春花の心情が最も大きく変わったのはどこ?）
④続き話を書いて読み合う。（時間を設定して続き話を書こう）

○単元のねらい

・スラスラと、内容の大体や文章の構成を考えながら音読することができる。
・登場人物の相互関係や心情などについて、描写を基に捉えることができる。
・「設定」「中心人物」「視点人物」「対象人物」などの学習用語の意義や重要性について理解することができる。

○文学第一教材で指導すべきこと

本教材「なまえつけてよ」（光村図書）は、令和6年度から使用される教科書では掲載されていません。そのため、この教材の実践については、そこまで内容に踏み込まず、その代わりに年度はじめの文学の単元や授業で押さえておきたいことを中心に述べていきます。（「なまえつけてよ」の実践について詳しく知りたい方は、『小学校国語科　考えの形成を促す文学の発問・交流モデル』（明治図書）をご覧ください。）５年生の文学第一教材では、やはり音読指導に力を入れることと、子ども達の既習の積み重なりを確認していくこと、文学を愉しませることの三つを意識しましょう。

○音読指導の基礎の基礎を指導する

音読指導に力を入れるといっても、この単元は４時間設定ですから、あまり長い時間をかけることはできません。しかし、三原則の音読を指導し、○読みで全員に読ませ、個別評価することは確実に行いましょう。このとき、厳しめに評価することが重要です。この時期の音読指導は、一年間の音読活動の基準をつくることになるからです。厳しめに評価しつつ、子ども達の本気の読み声を引き出して、教師が求める音読を「具体化」していくことを心がけましょう。「今度の先生は、いい加減に音読していると見逃してくれない」と子ども達がいい意味での緊張感を持てるようにすることが重要です。その適度な緊張感が子ども達の意欲にもつながるのです。４時間しかありませんから、何回も繰り返し指導することはできません。三原則の音読について指導し、個別評価をし、家での音読練習の宿題を挟み再度個別評価をする、単元末に市販テストが終わった子から音読テストをする、くらいで精一杯でしょう。ここではそれでよしとします。本格的に指導するのは説明文の第一教材からで大丈夫です。というのも、全員の学力を保障するという意味でのスラスラ音読を徹底する音読指導は、本来物語よりも説明文の方が向いているのです。ですから、ここでは、音読指導の基礎中の基礎をつくる、というくらいの意識で十分です。これらの指導だけでも、全く音読指導しないのと比べると雲泥の差がつきます。家での取り組みの仕方が全く違うのです。

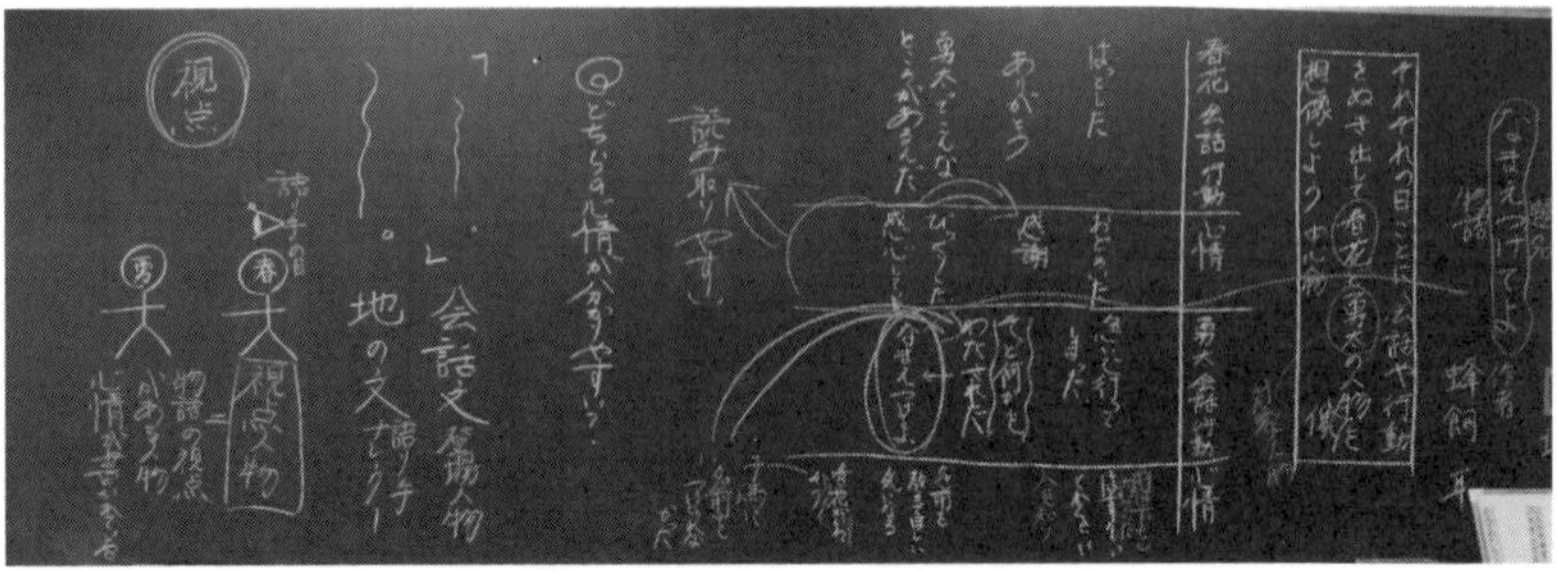

○子ども達の既習の積み重なりを確認し、復習する

次に、低学年から中学年までの文学の学習の積み重なりを把握し、改めて復習します。これは、音読指導と同様、全員を同じ土俵にのせるためです。高学年になると、学力の差や既習の積み重なりの差が大きくなっています。それをそのままにして、全員が既習がしっかり積み重なっているという前提のもと授業を進めてしまうと、格差の拡大を助長するばかりでなく、ついていけない子たちの意欲がガクンと下がります。「今年も国語の授業はよく分からないなあ」と思ってしまうのです。

そうならないために、かなり初歩的なところから確認していきましょう。既習の確認し直しは、学習用語を基にするとよいでしょう。私は高学年であっても「題名」や「作者」「物語」などという本当に初歩的なところから確認していきます。意外にも、こうした言葉すら不明確な子もいるのです。そうした子たちにも、この単元のうちは、毎回しつこく確認していきます。そうすると、子ども達は全員が「はい！」と挙手できるようになっていきます。国語の授業で手を挙げたのが本当に久しぶりだという子もいます。初歩的なことから確認していくのは、こういうよさもあるのです。

既習について確認していくときも、一方的に教師が教え込んでいくのではなく、子ども達から意見が出されたときに合わせて確認していくのがよ

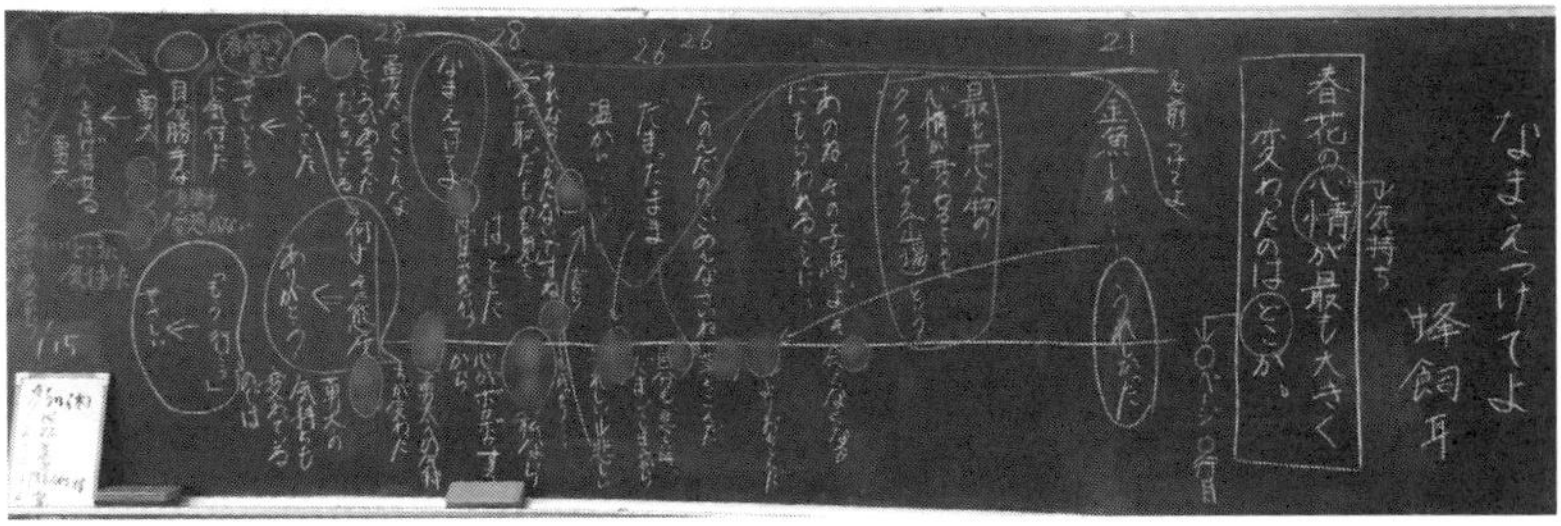

いでしょう。例えば、私は初読であらすじを書かせて交流します。その際、「〇〇が、～～して××なった話」と書かせます。このとき「なまえつけてよ」では、全員が「春花が」と主語を中心人物にしてきます。こういうタイミングを見計らって「全員が、あらすじを春花が、で始めていたね。どうしてだろう？」などと尋ねながら子どもとやり取りをして、「中心人物」という言葉について再確認したり、多くの子どもが知らない場合には改めて指導したりします。この単元のうちに、前ページの板書のように、「中心人物」だけでなく「対象人物」や「視点人物」についても指導しておくとよいでしょう。特に「視点人物」については、必ず指導するようにします。基本的に物語では視点人物の心情は描かれ、それ以外の人物の心情は描かれていません。対象人物の心情は、視点人物の目を通して見た「推測」に過ぎないことを押さえておくのです。また、中心人物は基本的に視点人物であること、だからこそ中心人物の変化は分かりやすく、中心人物の変化が物語の中心的な内容であることなどに気づかせておきましょう。

　こうした物語の基本構造について知っておけば、子ども達は「妄想」を語らずに、本文中の言葉を吟味して考えるようになっていきます。年度はじめの単元で、こうした布石を着実に打っておくのです。

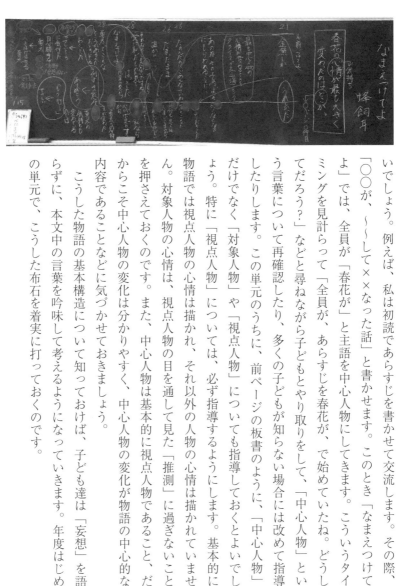

○物語を愉しませる

やはり、文学の授業の第一義は、その作品の世界を楽しませることにあります。そのための学習活動を教材の特性に合わせて設定するようにしましょう。「なまえつけてよ」という作品は、そこまで本文の内容が難しくないことに加え、その後の二人の関係性が気になるという特性があったので、続き話をつくらせ、読み合うという活動を単元の終末に設定しました。この単元では「登場人物の相互関係」について捉えさせるねらいがありました。読み取った相互関係や二人の人物像を結びつけて、その後どのように二人の関係が変化していくのか考えさせることで、一人一人の読みを生かせるのではないかと私は考えました。子ども達は大喜びで書きました。端末を使って休み時間まで書く子、家でもう一度練り直してくる子などがいました。そして、読み合うことで、「うわーこの続き話、ありそう！」など、読みを交流する楽しさを味わっていました。簡単に二人の人物像や関係性を再確認してから続き話を書かせると、「妄想」になりにくいのでおススメです。

ここでは、いつの「続き話」にするかも子ども達に選ばせました。「その日の放課後」「次の日」「一か月後」など、各々が登場人物の特徴を踏まえて、どのような変化をしていくかを想像しやすいときに設定していました。また、書いた「続き話」の後に、なぜそのような話にしたのか、「解説」をつけることにしました。このようにすると、一人一人がどのように読み取っているか、考えているかが見取りやすくなります。以下に一例を示しておきます。

[Jさんの作品]
放課後，春花は牧場のわきを通りかかった。けれど，やはりあの子馬はいない。勇太にもらった折り紙の子馬を取り出す。不格好だが愛着が湧いてくる。名前をつけた折り紙の子馬を牧場のそばに置いてみる。春花は，その子馬が何故か喜んで鳴いているように思えた。
〈解説〉春花は，子馬がいないことにがっかりするが，勇太の作った折り紙の子馬を見て，嬉しくなっている。子馬のことを想像して勇太のくれた子馬と重ねていたら，喜んで鳴いているように見えた。

次の授業中，春花は先生の声が耳に入ってこなかった。理由は，よそにもらわれる子馬のために考えた名前と勇太からもらった小さな馬は同じ名前でいいか迷っているからだ。先生に指名されたのだが，気づかなかったため，恥をかいてしまった。時計を見ると今は2時。1時間も悩んでしまった。授業中も悩み，勇太との思い出にするため，子馬と同じ名前をつけることにした。また，わたしも勇太に紙を折って子馬を作り，渡すことにした。それがあってから春花は積極的に勇太に話しかけて仲良くなろうとした。最初は見てみぬふりをしていた。それが春花は嫌だった。しかし，仲良くなりたかったので，根気よく話しかけた。そのうちに勇太は春花が話しかけると言葉を返してくれるようになった。春花はそれが嬉しかった。それから春花と勇太はよく話すようになった。勇太は相変わらず下を向いている。
〈解説〉春花は紙の子馬に名前をつけると思う。それが気になって授業に集中できないと思う。思い出にするためよそにもらわれる子馬と同じ名前をつけ，似たような子馬を作り，渡すと考えた。春花は努力をして仲良くなろうとし，下を見るけど話すように勇太はなると思う。

[Aさんの作品]
一年後，勇太とは同じクラスになった。春花は勇太と案外近くの席になった。
春花は勇太に
「五年生の時，馬をくれてありがとう。」
「べつに。」
勇太は言葉をかわしたあと下を見てしまった。牧場にいた子馬は去ってしまったけれど，勇太が折り紙で折ってくれた馬はまだ残っている。あの子馬のように去ってほしくはないからあの馬を大切にしよう。春花はそう思い微笑んだ。
〈解説〉勇太と春花は六年生になって一緒のクラスになったけど勇太の恥ずかしがりやの性格は変わっていないので，「べつに。」と短く言葉をかわして春花との言葉を打ち切った。その後教科書に載ってるのと同じように下を見た。あの牧場の子馬は去ってしまったけど勇太が作ってくれた子馬は去ってほしくはないから大切にしようと思い，微笑むという話です。

②「たずねびと」の指導

○単元の流れ　（　）内は主な発問

①学習の見通しを持つ。全文を読み、あらすじを書き交流する。音読練習をする。
②設定を確認する。音読練習をする。
③④綾の変化について考え話し合う。（8場面で綾の変化を感じるところはどこ？　綾が最も大きく変化したところはどこ？）
⑤物語の構造について確かめ、作品のテーマについて考え話し合う。（一番伝わってきたことは？）
⑥自分の読みの変化を中心に学習のまとめレポートを書き、読み合う。

○単元のねらい

・スラスラと、内容の大体や文章の構成を考えながら音読することができる。
・人物像や物語などの全体像を具体的に想像したり、表現の効果を考えたりすることができる。
・文章を読んでまとめた意見や感想を共有し、自分の考えを広げることができる。

○第一時　全文を読み、あらすじを書き交流する

第一時に重要なのは、一人一人の読みを把握したり、それぞれの読みのズレを子ども達と共有したりすることです。それが、子ども達にとって今後の学習の見通しとなり、教師にとってもどのように授業をつくっていくか指針になるからです。そこで、よく文学の単元の第一時に行われるのが「初発

の感想」を書く活動です。もちろん、これも子ども達の読みやそのズレを把握することに役立ちますが、思いのほか初発の感想をその後の授業で生かせている授業は目にしません。初発の感想は一人一人が自由に書くので長すぎて焦点化されず、それを子ども同士が読み合っても場合によってはズレを認識しにくいのではないかと考えています。そこで、私は「初発のあらすじ」を書かせることが多いです。（これは、東京国語教育探究の会代表　石丸憲一先生のお考えを参考にしています。）

初発のあらすじであれば、短くて読み合いやすく、互いの読みのズレが容易に把握しやすくなります。子ども達には、「〇〇が××して〜なった話」とフォーマットを示して書かせると、より焦点化され、ズレが分かりやすくなります。どんな物語も、基本的には人物が出来事を通して変化することで描かれます。いわば、物語の中心です。中心人物の心情及び変化について読み取ることは中学年の指導事項です。高学年であれば、それを初読の段階である程度つかむことを子ども達に求めていくのは、程よいハードル設定であり、理に適っていると私は思います。この活動を取り入れると、初読時に適度な緊張感が子ども達の中に生まれます。それに、実生活において基本的に同じ本は一度しか読みません。一度読んで、物語の中心的な内容を捉えられる力は非常に重要なのです。

高学年では、初発のあらすじを書かせ、端末を使い、スプレッドシート等で即座に共有するとよいでしょう。そうすると、子ども達は、各々の読みのズレや傾向性から今後みんなで考えていきたいことや話し合っていきたいことなど、学習の計画を立てることができます。最初から子ども達だけでうまくはいかないので、教師がうまく導いたり、単元のめあてを意識させたりしながら、なるべく子ども達が学習の計画を立て見通しを持てるようにしていきましょう。

話すこと・聞くこと　書くこと　読むこと　ことば［知識・技能］

「たずねびと」で初発のあらすじを書かせると、次のようなものが子ども達から出てきます。
・綾がアヤを探しに行って、なくなった人たちのことについて知った話
・楠木　綾さんが　楠木　アヤさんを探して、アヤさんのことを忘れないと決心した話
・綾がアヤのおかげで戦争のつらさを知り、成長する話

「綾が」「広島に行って」までは概ねみんながさらっと書けるのですが、その後の「〜〜なった話」という部分を書くことに苦労する子が続出します。そうした子ども達の様子も踏まえて、「綾は確かに変化していると思うけれど、どんな変化なのかが言い表しにくい」ということに子ども達が気づいていきます。この物語は、綾の内面的な変化、成長を描いていますが、それをつかみ自分の言葉で表現することは難しいのです。第一時では、あらすじを書き読み合うことで、こうしたことに気づき、綾の変化を自分で表現できるように、ということを単元の中で一貫して意識しながら学習に取り組むようにしていけるとよいでしょう。

また、この単元でもなるべく音読をする時間を確保できるようにしていきましょう。この単元でも、第一教材同様、市販テストと抱き合わせで音読テストをすることを子ども達に予告しておきます。

○第二時　物語の設定を確認する

私は、文学の授業では必ず第二時あたりに物語の設定を確認する時間を取ります。物語の設定は物語の舞台設定などを含めた「大前提」であり、ここを読み違えていると、全く違う読みになってしまうことが多々あるからです。基本的に1年生から「物語の設定」という用語、そして「人・時・場」

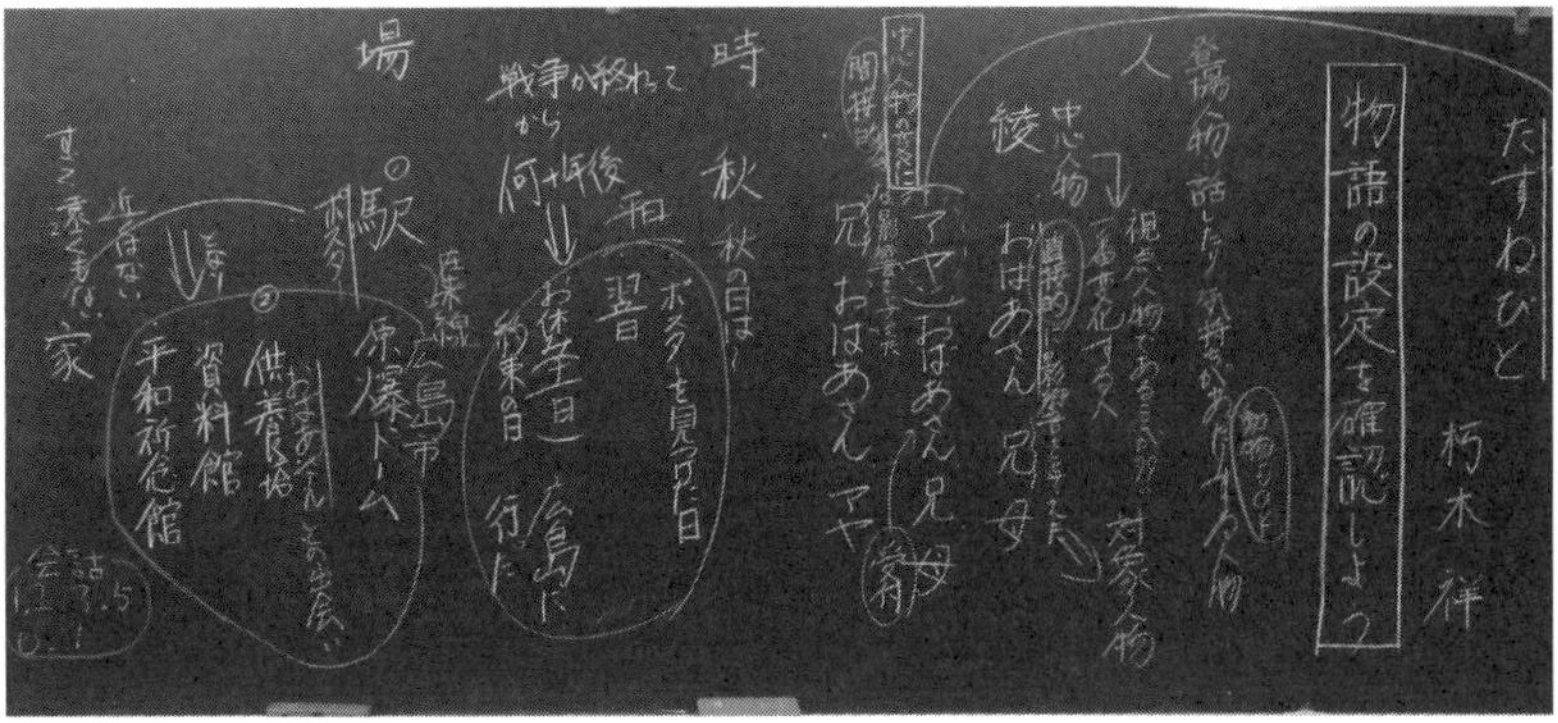

を指導していきます。第一教材でも確認していますが、ここでも改めてその定義を確認しましょう。大事なことはしつこく指導して、子ども達に根づかせていくべきです。

物語の設定の授業でも、子ども達の考えにズレが出てくると議論が深まります。そのための工夫をしましょう。登場人物を「自分が重要だと思う順」に並べさせます。そうすると、必ずズレが出てきます。最初はほぼ全員が綾を一番にするので、それを「中心人物」と改めて確認します。この単元ではこの綾の変化をつかむのが難しかったので、それをつかんでいくのだったね、と単元で一貫した問いを再確認するとよいでしょう。綾の次に子ども達が挙げてくる人物がズレます。おばあさんと兄が主で、アヤとする子もいます。アヤに関して話し合うと登場人物の定義についてもう一度確認できます。また、おばあさんと兄について比べていくと、直接的に綾の変化に関わったのか、間接的に変化に関わったのかが違う、と子ども達は分析していきます。直接的に中心人物を変化させる人物を対象人物と言うことを話し合いが盛り上がりながら、押さえられます。

時を確認していくときには、子ども達が出してくるものを整理しながら、物語のおおまかな流れを押さえていくことができます。

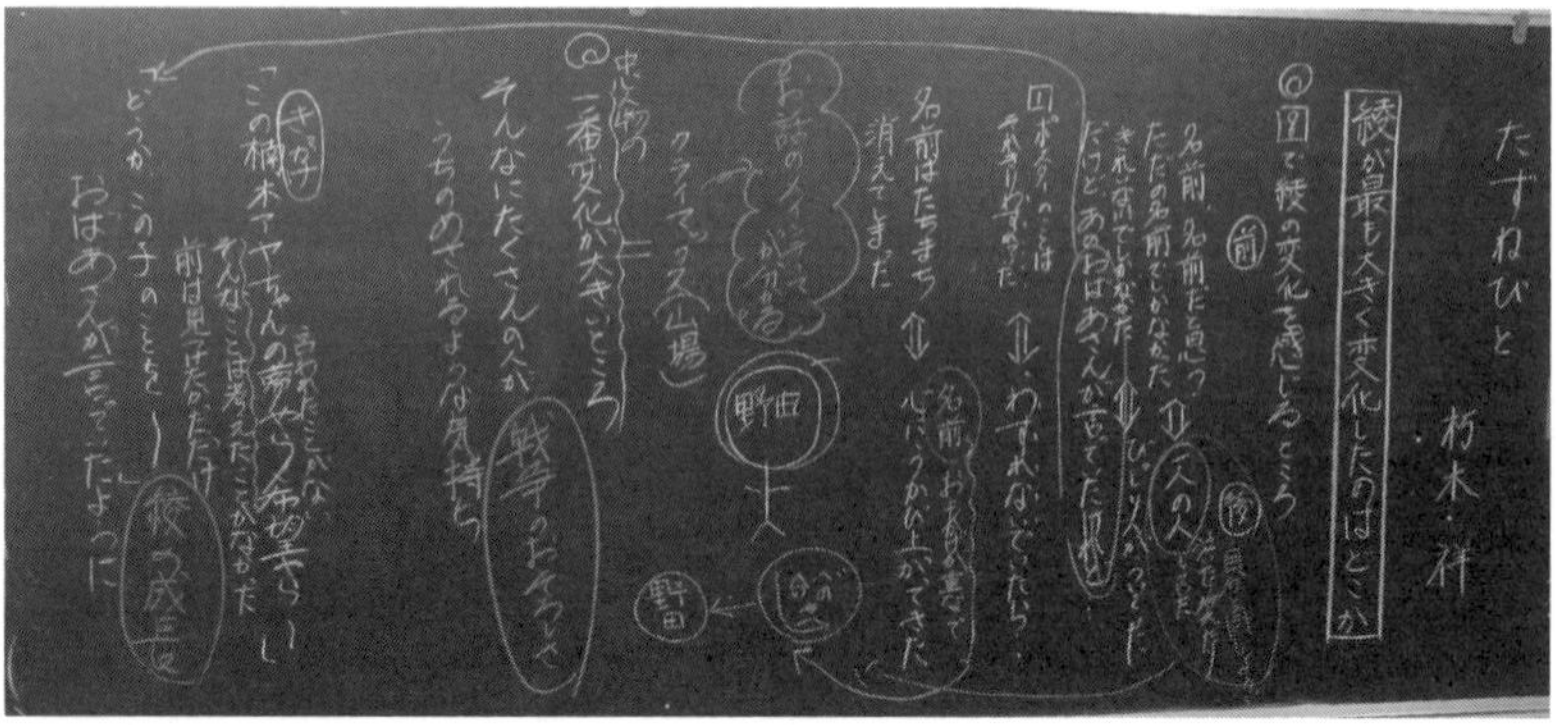

「～の日」などミクロな視点だけでなく、「現代」とか「昔」といったマクロな視点で捉えておくことも重要です。出来事と一緒に確認するとよいでしょう。場所についても、どの場面がどの場所で繰り広げられているというミクロな視点で捉えると物語の流れが確認できます。また、マクロな視点でも捉えておくと、小学生の綾にとっては近くはない、隣の市までの「旅」であり「冒険」ということが見えてきます。

○第三・四時　綾の変化について考え話し合う

いよいよ、綾の変化について考え話し合う授業です。

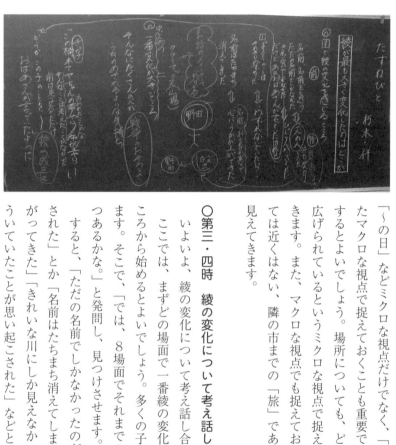

ここでは、まずどの場面で一番綾の変化を感じるか、と尋ねるところから始めるとよいでしょう。多くの子が「８場面」だと口にします。そこで、「では、８場面でそれまでの綾と違うところはいくつあるかな。」と発問し、見つけさせます。

すると、「ただの名前でしかなかったのが、一人の人として認識された」とか「名前はたちまち消えてしまったのが、心に浮かび上がってきた」「きれいな川にしか見えなかったのが、びっしり人がういていたことが思い起こされた」などというものが挙げられていきます。８場面を読んで違和感や変化が感じられる綾の様子と、それまでの場面での綾の様子をセットで見つけるようにしていくと分かりやすいです。

特に、名前だけしか知らなかったのが、それに面影も重なり、一つ一つの名前が自分と同じように確かに生きていた人間なのだと想像できるようになったことは、難しいのでしっかり話し合わせたいところです。（授業では、前ページの板書のように、図にかいて説明する子がいました。）

その後、最も大きく変化した転換点を探っていきます。中心人物が最も大きく変化するところは、作品のテーマをつかむ上で重要です。子ども達に出させると、大きく分けて二つ出されます。一つめが、綾がたくさんの人が亡くなったことに気づくところです。「うちのめされた」という言葉に注目する子が多くいます。二つめが、おばあさんに「どうかこの子のことを～」という言葉をかけられるところです。この言葉があるから、その後の綾の変化につながっていると主張する子が多くいます。

この二つはどちらも綾の心情が大きく変化している場面です。出させた後は、「こういう、中心人物が大きく変わるところを山場と言います。クライマックスとも言います。この二つの場面から読者に伝わることはどんなことかな。それが作品のテーマにつながります。例えば、スイミーではどこが山場ですか？　そうですね、マグロを追い出すところですよね。そこから読者に伝わってくることは、どんなことですか？」などと、具体例を出しつつ、山場から伝わってくることが作品のテーマにつながることを指導しましょう。すると、前者の場面からは「戦争の悲惨さ」などが出され、後者からは「綾の成長」「時代を超えて思いやること」「一人一人のことを想像する大切さ」などが出されていきます。ここでの指導が、次時につながっていきます。

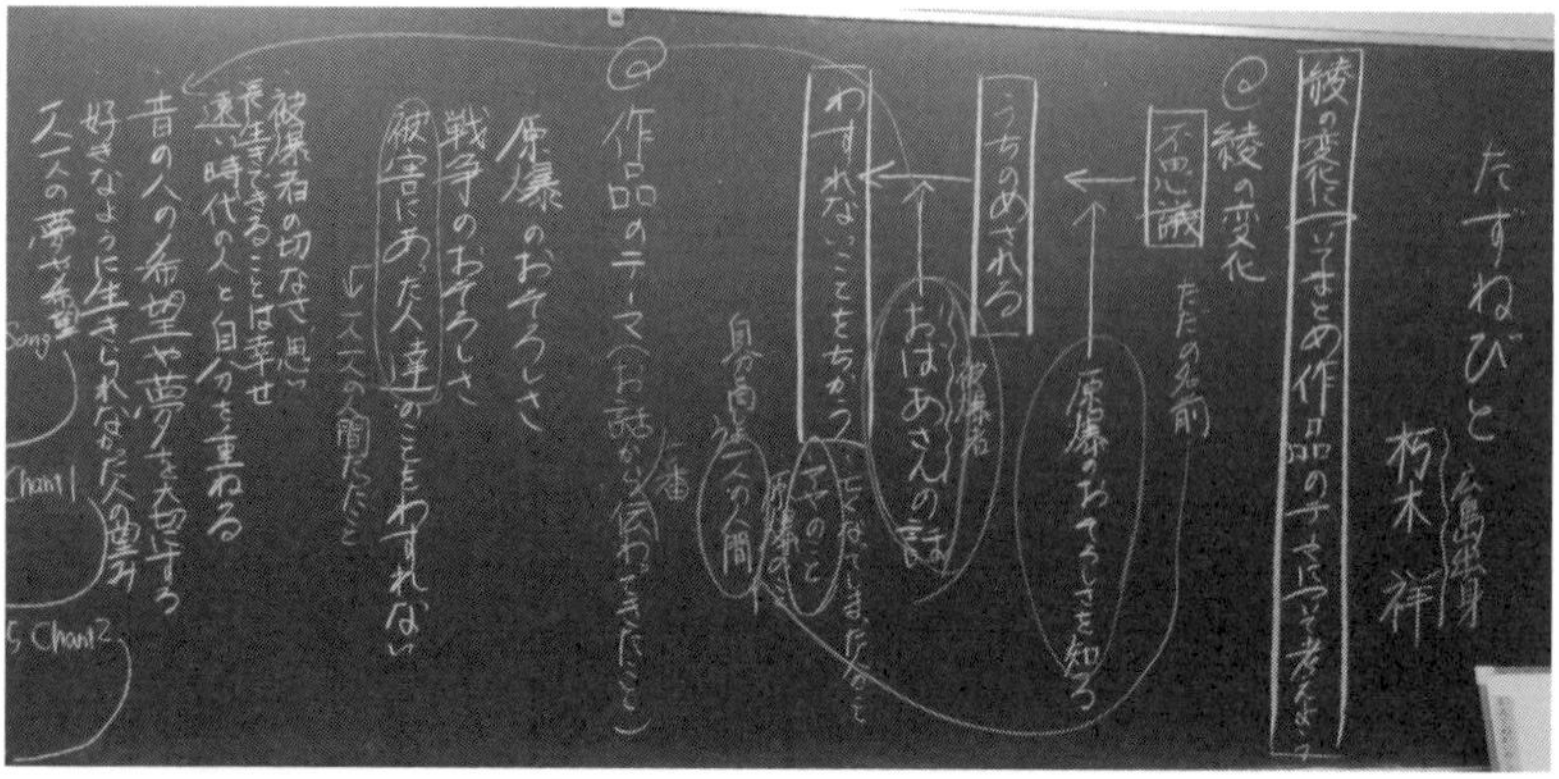

○第五時　作品の構造を確かめ、作品のテーマについて話し合う

まず、これまでの授業を振り返りながら、作品の構造や話の流れを確かめます。前時までに、綾が大きく変化したところは大きく二つあり、それは戦争の事実を知ったところとおばあさんの話を聞いたところでした。そうした作品の主な構造を確認した後、作品のテーマについて話し合わせます。今はあまり「主題」という言葉は使わないので「作品のテーマ」と子ども達には伝え、「あなたに、お話から一番伝わってきたことだよ。」と説明しました。ここでは、これまでの読みをすべて関連づけて、総合することをねらいました。そうすることで、単元の一貫した問いであった「綾の変化はどのような変化なのか」を自分の言葉で言い表せるのではと考えたからです。

子ども達からは次のような意見が出されました。

・戦争、現場のおそろしさ
・被害にあった人たちが一人一人の人間だったことを忘れない
・被爆者の思い、切なさ、悲しみ
・長生きできることの幸せさ
・遠い時代の人と自分を重ねる

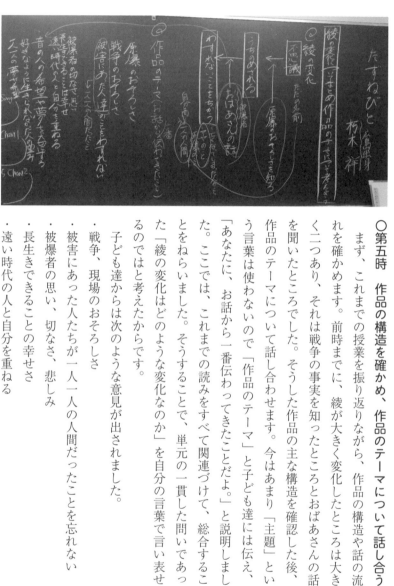

・昔の人の希望や夢を大切にする
・好きなように生きられなかった人の望み

周知のように、昨今は、作品に作者が込めた意味を絶対的な正解としてそれに到達するように授業をつくる「作者論」「作品論」的な授業ではなく、読者一人一人がテクストと向き合い読みを紡ぎ出していく「読者論」「テクスト論」に基づいて授業をつくるのが一般的です。とはいえ、いくら「読者論」だからといっても、「何でもあり」ではない、というのが私の考えです。やはり物語の設定や中心人物の変化やそのきっかけなどの基本構造をしっかり押さえた上で、自分の言葉で表現していくべきです。ここまでの授業でそれらをしっかり押さえておくから、的外れなものは出てこないようになるのです。ここで出されたものは、直接的におばあさんの言葉などを通して書かれているものもあれば、そうでないものもあります。高学年の読む作品になればなるほど、直接的に書かれないことが作品のテーマであることが多くなります。文章の言葉だけでなく、それらと構造、そして自分の知識や経験とを関連づけて、総合して「作品のテーマ」を紡ぎ出していくことが求められるのです。最初は難しいかもしれませんが、やはり高学年には、これくらいのことは求めていきたいものです。

そして、これらを出させていった後、もう一度、単元を貫く問いであった「綾の変化」について考えさせるとよいでしょう。すると、子ども達からは「綾は、アヤも自分と同じように生きて生活していた一人の人間だと感じるようになった」「そして、名簿に載っていたその他の死んでいった子ども達も同じように一人の人間だと心から思えるようになった」「目に見えないこと、昔のことも、リアルに想像できて思いやれるようになった」などという意見が出されていきます。そして、「綾だけじゃなくて、これを読んだ私たちにも、同じように被爆者も自分と同じ一人の人間なんだと思えるようになってほしいんじゃないかな」といった意見も出されました。

○第六時　自分の読みの変化を中心に学習のまとめレポートを書き、読み合う

学習のまとめは、自分の読みの変化を中心にまとめレポートを書かせます。レポートを書かせる際に重要なのは、前もって予告しておくことと、はじめの読みを記録させておくことです。単元のはじめの段階で、単元の終末には自分の読みの変化を中心にレポートを書くよ、と伝えておくと、子ども達はどんなことを書

私が初めて「たずねびと」を読んだときの感想は，あまり意味がわからなくて正直変な物語だと思ったし，気持ちの変化もわかりにくいな，と思いました。

でも，授業でみんなと話し合って綾はおばあさんやアヤの影響で成長したし，原爆で亡くなった人（名前だけの人など）を一人の人として感じるようになったという感想に変わりました。なぜなら，８場面，118P・119P の（118P）14～15行目，（119P）１～３行目の言葉が１場面ではただ「へぇー」って感じの気持ちだったけど，８場面ではこんな言葉が言えるほど気持ちが変わったのかな，と思うからです。

もう一つは，117P の11～16行目です。ここは気持ちが変わったと思うし，成長させられた言葉の１つでもあると思うからです。またこのおばあさんの言葉は８場面に書いてある綾の気持ちにもつながってくると思ったからです。

このように私は最初の自分の感想とは授業をやったり何回も音読をして意味を理解できるようになると全く違うと思いました。また私と同じで綾も話が進むにつれて気持ちがどんどん変化していると思ったので，朽木さんは読者も一緒に気持ちが変化するようにしたのかなと思いました。

こうかと意識しながら学習を進めることができます。また、それとあわせて、はじめの読みや感想を記録させておくことで、その変化を確かめられ、レポートを書きやすくなります。

端末でレポートを書き、読み合いコメントし合うことでさらに考えを広げたり深めたりすることができます。

③「大造じいさんとガン」の指導

○単元の流れ　（　）内は主な発問

①初読のあらすじを書き交流する。
②物語の設定や作戦の内容について確かめる。（何年間？　作戦を絵にしてみよう）
③山場について考え話し合う。
④大造じいさんと残雪の関係性の変化について考え話し合う。（大造じいさんは世話をした？）
⑤情景描写に着目して物語を読み直す。
⑥学習して考えたことをレポートにまとめる。

○単元のねらい

・内容の大体や文章の構成を考えながら、スラスラと音読したり朗読したりすることができる。
・人物像や物語などの全体像を具体的に想像したり、表現の効果を考えたりすることができる。
・文章を読んでまとめた意見や感想を共有し、自分の考えを広げることができる。

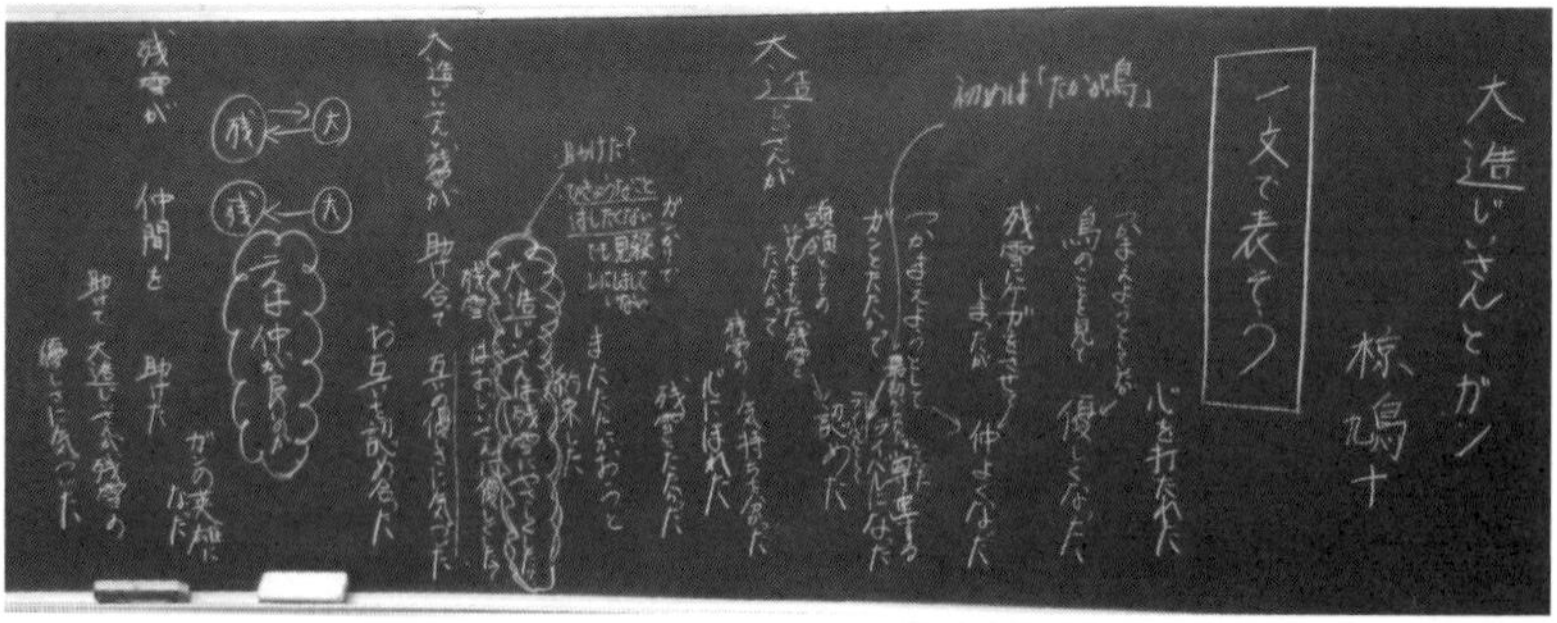

○第一時　全文を読み初発のあらすじを書き、交流する

ここでも初発のあらすじを書かせ交流します。端末を使うことで、書き込みが即座に画面上に共有され、一人一人がどのような読みをしているか互いに把握できます。

子ども達のあらすじは二つのパターンに分かれます。一つが、板書のように大造じいさんと残雪の関係性の変化に着目したもの、もう一つが右の写真のように大造じいさんの変化に着目したものです。前者は「仲良くなった」「お互いを認め合った」という言葉が出てきます。その二つは同じなのかどうか、ということが話題に上がるようになります。後者は、大造じいさんは残雪を討とうとしていたのに、心を打たれて変化した、というところに注目している子が多いるときです。

A	B
1	大造じいさんが、残雪の行動を見て、自分の気持ちが変わった話
2	・空の様子が一章説につき情景として使用している・動作の音ごとに改行⇒際立たせている?
3	
4	大造じいさんがはやぶさと戦ったあとの残雪の姿を見て、残雪への気持ちが変わった話。
5	大造じいさんが残雪への思いが変わって残雪を助けた話
6	大造じいさんが倒れた残雪を見て来年は正々堂々戦おうと考えた話
7	大造じいさんと残雪が戦って、大造じいさんが残雪を助けた話
8	大造じいさんが長年敵対していた残雪を助けた話
9	大造じいさんがガン狩りをして、ガンのとうりょうがりこうだと思う話。
10	大造じいさんと残雪を捕まえようとして、しくって自分のがんを助けられて正々堂々戦おうといった話
11	大造じいさんが敵対している残雪の心強さを認め、残雪の見方が変わる話。
12	大造じいさんがずっと戦っていた残雪を助けてくれた話。
13	大造じいさんがガンを捕まえようとして残雪の堂々たる態度に驚き、助けてくれた話
14	
15	大造じいさんと残雪の間に色々壁が立ち肌狩り助け合いや、敵対性を持つ話
16	残雪が、おとりのガンをはやぶさから守り、大造じいさんが残雪に対する思いが変わった話。
17	かりゅうどの大造じいさんの残雪への気持ちが変わる話。
18	残雪がおとりのがんを助けてじいさんの考え方が変わった話
19	残雪がガンの英雄だと知って、大造じいさんが残雪の見方が変わった話。
20	
21	大造じいさんが残雪と戦おうとしたけど逆に見送って上げた話
22	残雪が大造じいさんのガンを守ってくれて、残雪の見方が変わっていく話
23	大造じいさんが残雪を狩ろうとしたら、残雪に心を打たれ、考え方が変わった話
24	大造じいさんがガンを助けてライバルになった話
25	大造じいさんが残雪と戦っていくうちに、残雪の強さを知って心を打たれた話
26	最初は、がんを狩ろうとしたけど、最終的に、がんを助けた、最初と最後の変化が大きい話
27	大造じいさんがガンを狩ろうとしたけど、残雪がきっかけで大造じいさんの気持ちが変わった話
28	ガンが堂々と戦っているのを見て大造じいさんの気持ちが変わった話。
29	大造じいさんが、残雪を助け、晴れた春の朝に広い世界に放した話
30	残雪が、おとりののガンを助けておじいさんの思いが変わった話。
31	残雪が仲間を助けるために戦って、大造じいさんが、心を改めた話。
32	大造じいさんが残雪の行動に強く心を打たれて考えが変わった話
33	大造おじいさんが残雪に心を打たれしとめようとしていた残雪を助けた話。
34	大造じいさんが残雪と戦って、勝負のあり方を知った話。
35	大造じいさんが残雪と戦って心情が大きく変化した話

いずれにせよ、第一時で重要なのは、一人一人の読みの違いを把握し、

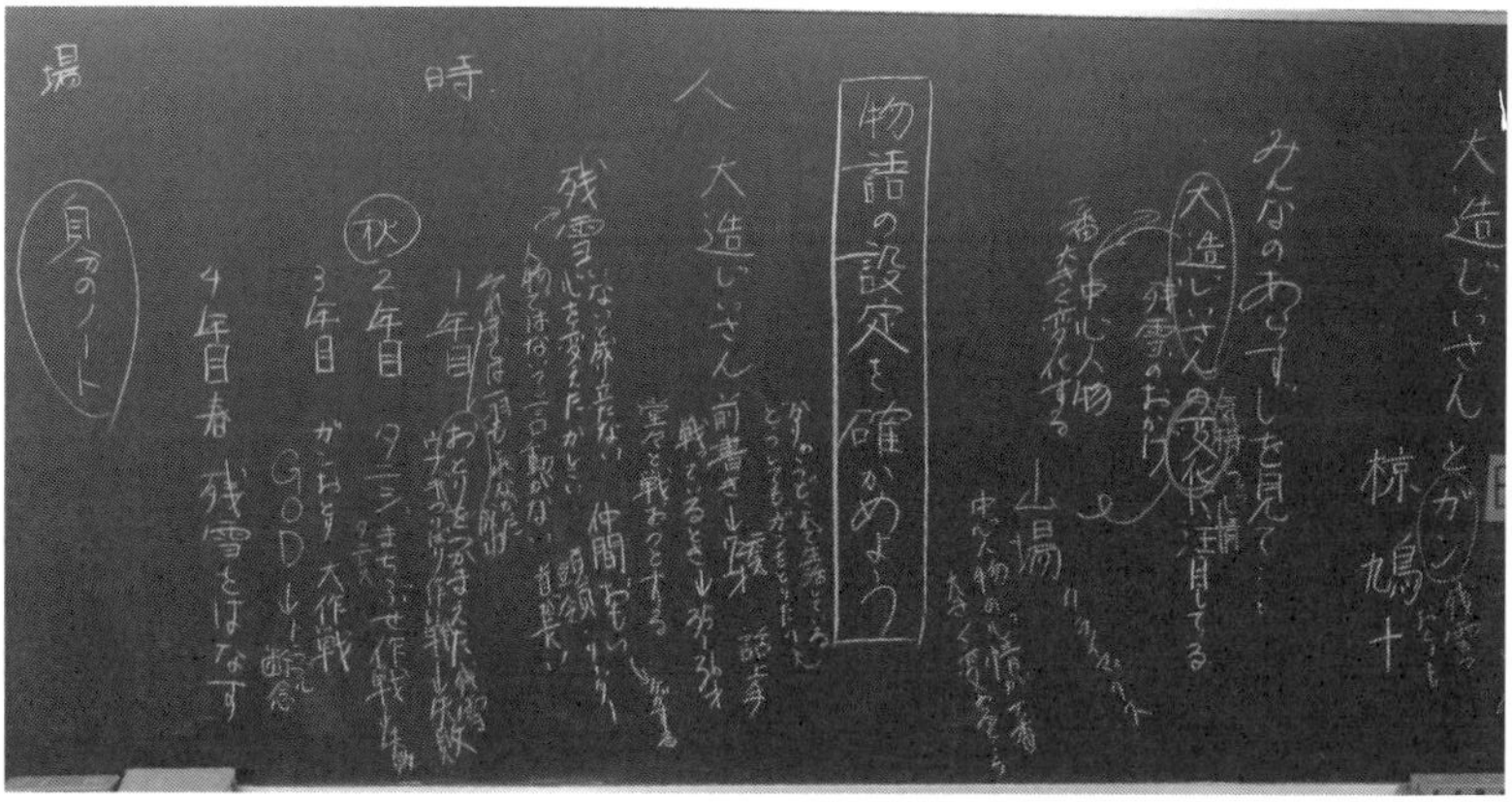

今後みんなで考えていきたい単元の中で一貫した問いを見出させることです。どちらのパターンであったとしても、今後「変化」というものに注目して読み進めていこうと、単元の見通しを持たせていくようにしましょう。

○第二時　物語の設定や作戦の内容について確かめる

　この単元でも物語の設定を確かめます。「大造じいさんとガン」の設定の確認の際、子ども達の話し合いの成り行きによって、話題に上げると面白いのは、「残雪は登場人物か」「作戦の名前を考える」「作戦を絵にしてみる」「場所を絵にしてみる」といったところです。これらを子ども達の実態に合わせて取り上げていきましょう。

　まず、登場人物は少ないのですぐに出し終わります。大造じいさんが中心人物であり、視点人物であるということもすんなり確認できるでしょう。明らかに大造じいさんの視点で描かれた物語だということは子ども達はすぐに理解できるはずです。適宜、前の単元までのことを想起させ、視点人物や中心人物の定義などを確認しておきましょう。

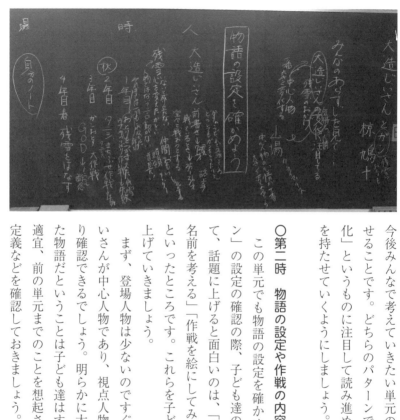

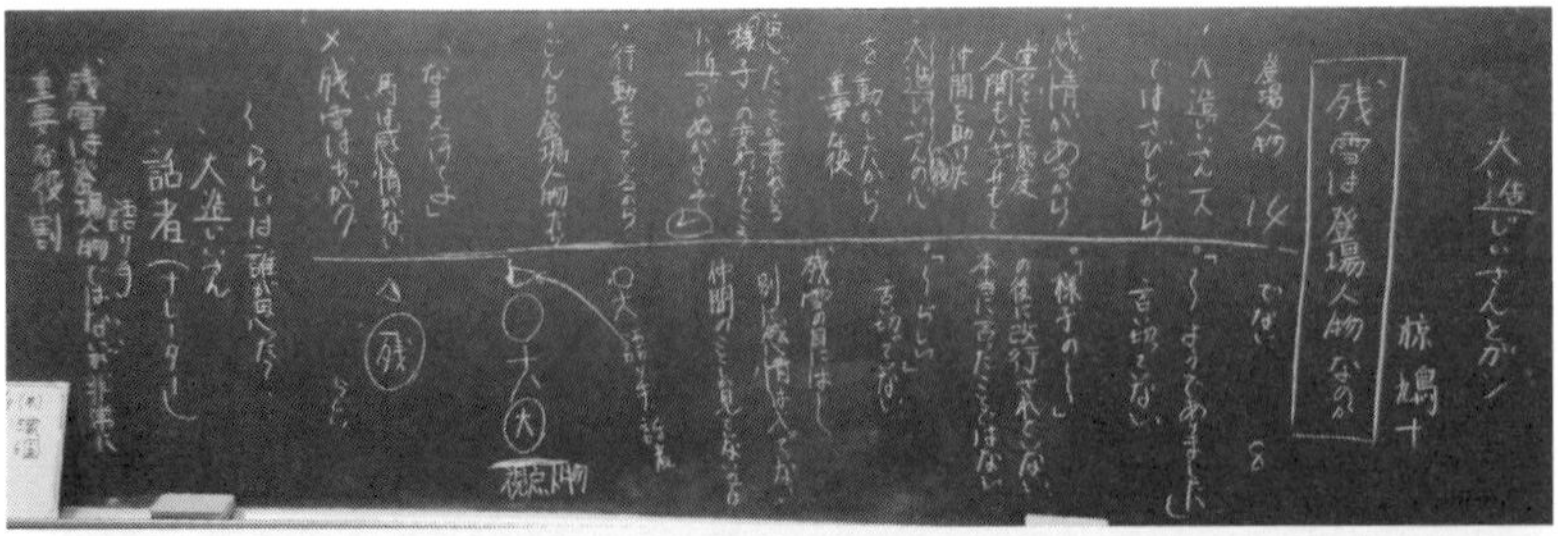

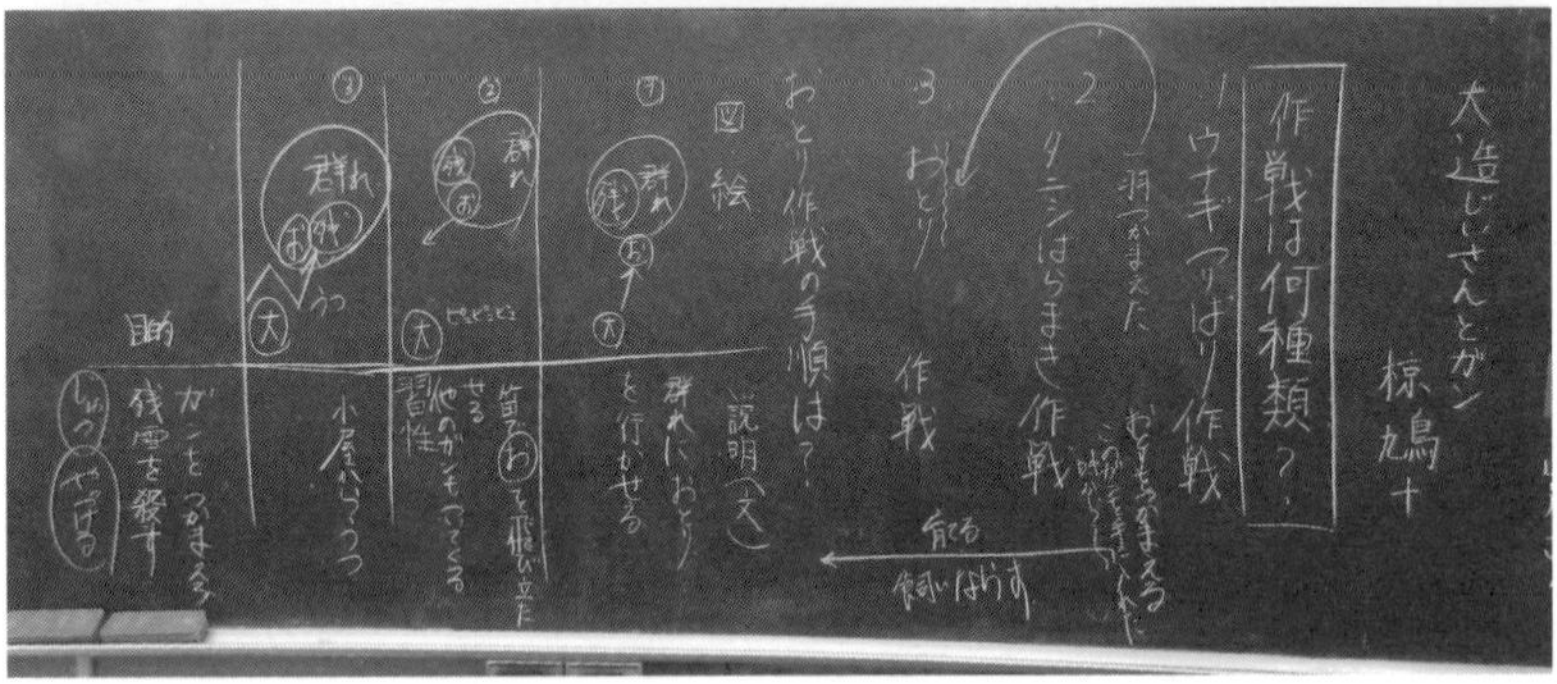

ここで子ども達から疑問として挙がるのは、残雪は登場人物に入れるか、ということです。上段の板書のように一時間取って話し合った年もあります。（「なまえつけてよ」の子馬のこととあわせて考えていきました。）あくまでも「鳥」として登場していること、セリフなどはないことを踏まえて考えていき、登場人物とは言えないけれど重要な役割があることは確かだということを押さえます。

次に、作戦については、中段の板書のように、「時」と一緒に確認していくと物語全体の流れも確認できてよいでしょう。「大造じいさんとガン」に限らず、設定の確認の際、「時」を子ども達と一緒に話し合いながら物語のおおまかな流れを押さえることは、とても理に適っているのでおススメです。前ページの板書のように「何年間のお話なのか」ということとあわせて作戦の内容を押さえてい

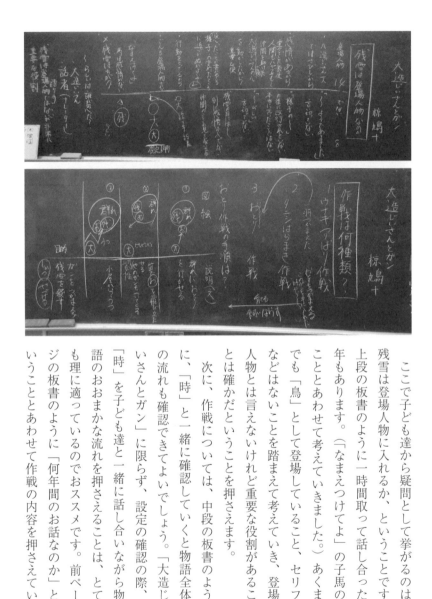

きましょう。何年間なのかも分かっていない子も意外と多くいます。これがつかめると、文字通り「長年」残雪を討とうと思っていた大造じいさんの意気込みをより実感できるようになります。それぞれの作戦に名前をつけさせていくと、作戦の内容も押さえられます。

さらに、前ページ中段の写真のようにおとり作戦については少し工程が複雑なので、絵や４コマ漫画のように描かせるとよりイメージしやすくなります。意外と理解できていない子を発見することもできます。おとり作戦の最中に残雪はハヤブサと戦うことになるのですが、そもそも作戦の内容をイメージできていないと、なぜ残雪がハヤブサと戦うことになったのかつかめません。そういう基本的なことを押さえる上でも、作戦の絵を描かせることは有効です。

最後に、場所についてです。場所は物語が進む舞台です。イメージ豊かに読めることが大切です。私がよくやるのは、ノートに絵や図を描かせることです。そうすると、状況などを具体的にイメージすることができます。

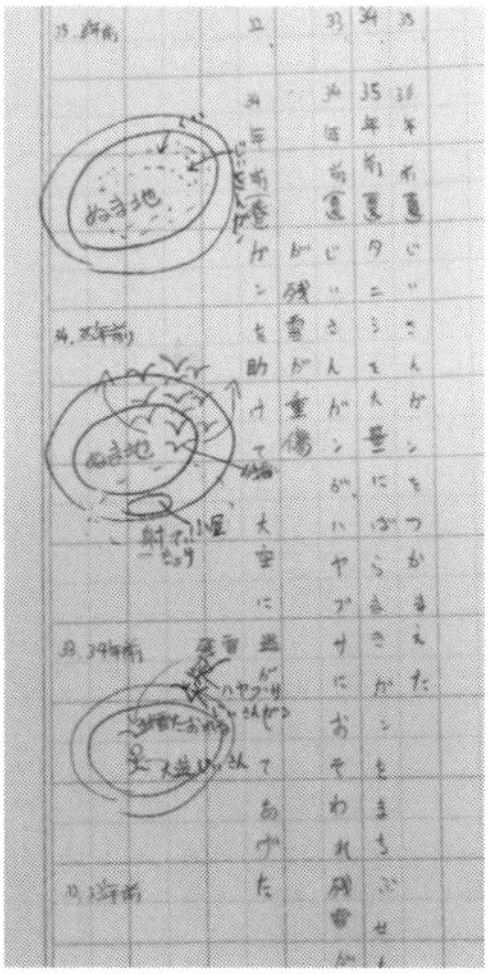

このように、設定の確認では、子ども達の話し合いの様子を見ながら、適宜これらを話題に上げていくことで、読みを確かにすることができます。一年間の実践ではなく子ども達の様子によって授業を微妙に変化させていることをお伝えしたいので、複数年間の授業の様子をお見せしました。子ども達が人物に注目していたら残雪は登場人物なのかについて、何年間かがよく分かっていないようであれば何年間かについて取り上げるという具合です。設定の確認の授業では、人物に関しても時に関し

ても場所に関しても、基本的に書かれていることを整理していくだけです。しかし、意外と読めていない子が多くいます。こうした基本的な物語の設定を改めて確かめることで、読み間違いなどを修正していくことができます。設定の確認は、「構造と内容の把握」に最も適しているのです。

また、高学年ですから、学習の方略として、読みの方略としても意識的に指導していきたいところです。設定をノートに言葉で書き出させるだけでなく、「人物を書き出し人物像もその周りに書いておく」「人物同士を相関図に表す」「時と主な出来事を年表に整理する」「主な場所を図で表現する」ということを子ども達に「選択肢」として示しておきましょう。絶対にこうやりなさい、ということではなく「やってみたい人はこういうやり方もあるよ」と示すのです。それを子ども達が自分の個性に合わせて選択します。こうした指導を経て、6年生では「設定を確かめよう」と指示したら、各々が各々に合ったやり方で、自分で学習を進めることができるようになっていきます。

○第三時　山場について考え話し合う

この時間では、大造じいさんの心情が最も大きく変化したところ、つまり山場について話し合います。第一時の初発のあらすじの交流の時点で、「変化」が話題に上がっていたはずです。ですから、この時間は、その本題に切り込む時間となります。

まず、どの場面で最も大きく大造じいさんの心情が変化しているかを確かめます。どの場面でも一応大造じいさんの心情は変化しているからです。ですが、子ども達は一様に「3場面」だと言います。ここは満場一致です。

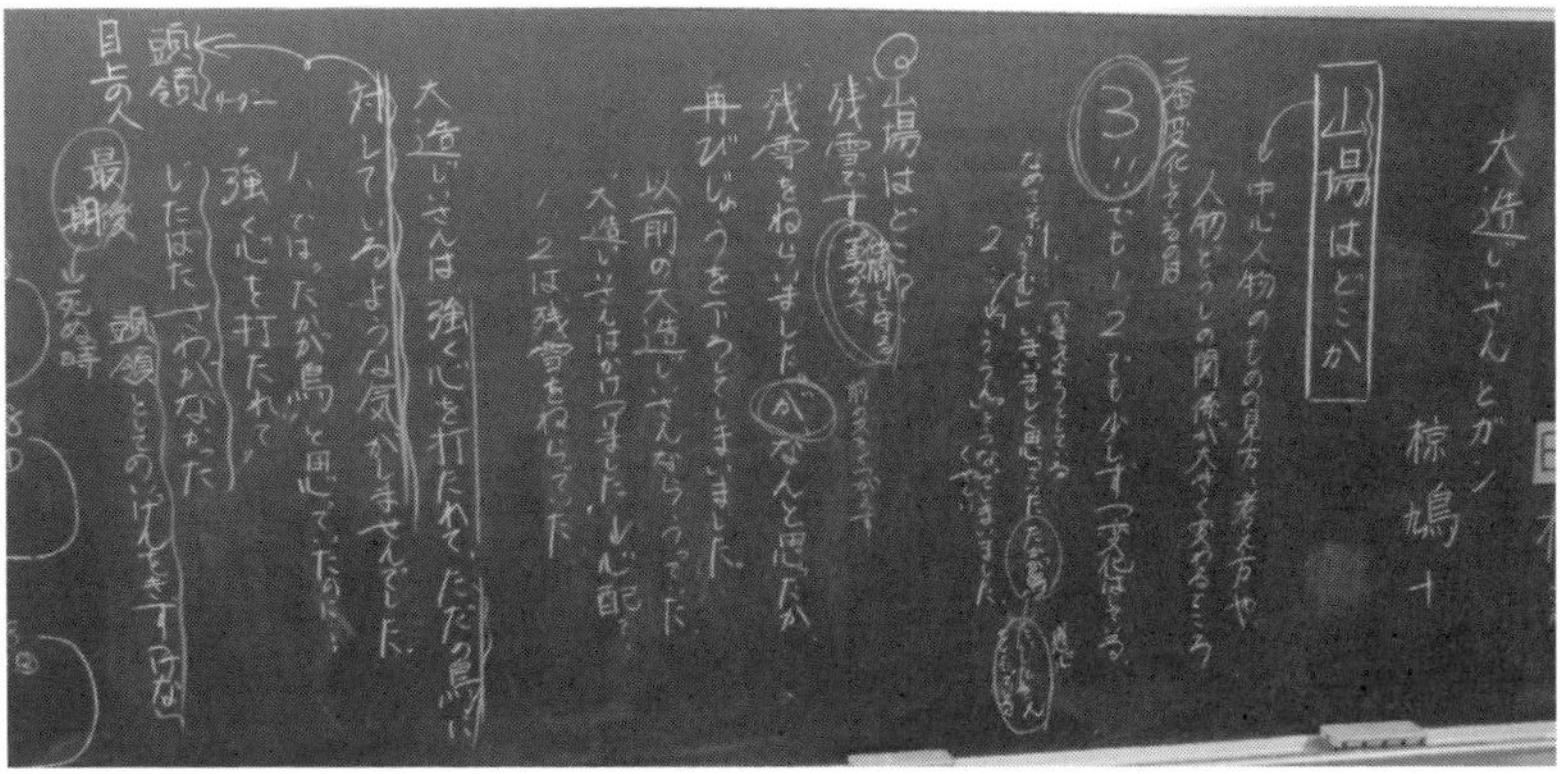

その上で、3場面のどこで一番大きく変わっているかを話し合います。これが意外と意見が大きく二つに割れます。

一つめが、大造じいさんが銃をおろしてしまうところです。それまで心の底から残雪を討ちたかった大造じいさんが、残雪を討つチャンスなのにもかかわらず銃をおろしてしまうからです。ここを選ぶ子が非常に多くいます。それまでの場面の大造じいさんの心情とセットで読み取らせ意見を言わせていくとよいでしょう。前の場面と「関連づける」わけです。

もう一つが、瀕死の傷を負った残雪がそれでも頭領としての威厳を傷つけまいと努力しているところです。ここで、「大造じいさんは、強く心を打たれて、ただの鳥に対しているような気がしませんでした。」という叙述があり、前者を選ぶ多くの子はこれが読めていません。逆にここを選ぶ子はこの叙述を重く見ています。「ただの鳥」に対している気がしないということは、「鳥に対している気がしない」ということであり、「鳥ではなく人、それも自分よりもすごい人」に対しているような気になっているということです。これを、「ただの」鳥ではない「すごい鳥」に対している気になっている、と読むと間違いです。それではあくまで

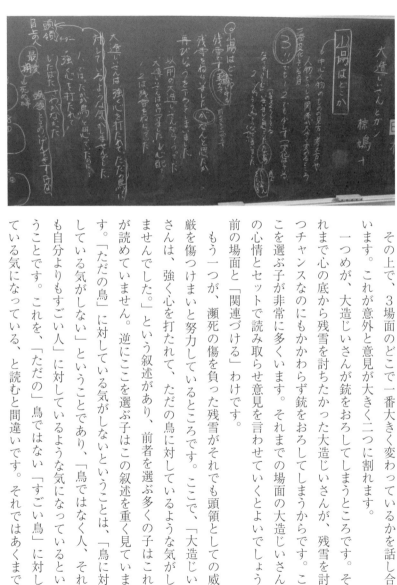

も「鳥」に対していることに変わりはありません。子ども達の普段の「ただの」の使い方だと、後者の意味に取る子が多くいます。「ただの〜ではない」は、「普通ではない」という意味と「それどころの程度ではない」という意味があります。ここではどちらかというと「それどころの程度ではない」という意味であり、「鳥」という範疇に収まらない、「リーダー（頭領）」としての姿を大造じいさんは残雪に見出したのです。そういうことを、こちらの場面を選んだ子は説明してきます。もちろん言葉足らずになりますから、教師が適宜サポートしてあげるとよいでしょう。「ただの鳥に対している気がしないって、じゃあ何に対している気がしているの？」と切り返してあげると、論点が明確になります。

授業の最後は、もう一度個に返して、「議論を踏まえてもう一度自分の考えを書いてみましょう。」と投げかけます。多くの場合、最初は前者の場面を選んでいた子たちが後者に選択し直します。残雪がハヤブサから仲間を守る行動を示したところよりも、死にそうにもかかわらず頭領らしい態度を取っていること、そしてそれに心を打たれる大造じいさんに共感するようです。

○第四時　大造じいさんと残雪の関係性の変化について考え話し合う

山場の後、大造じいさんの家で残雪は一冬を越します。ここでのことは詳細に描かれず、いわば「空所」になっています。ここを考えさせることで、大造じいさんの残雪への思いや両者の関係性を深く捉え直すことができます。

大造じいさんが傷ついた残雪を連れ帰り、大造じいさんの家で一冬を越したこと、そして家でのこ

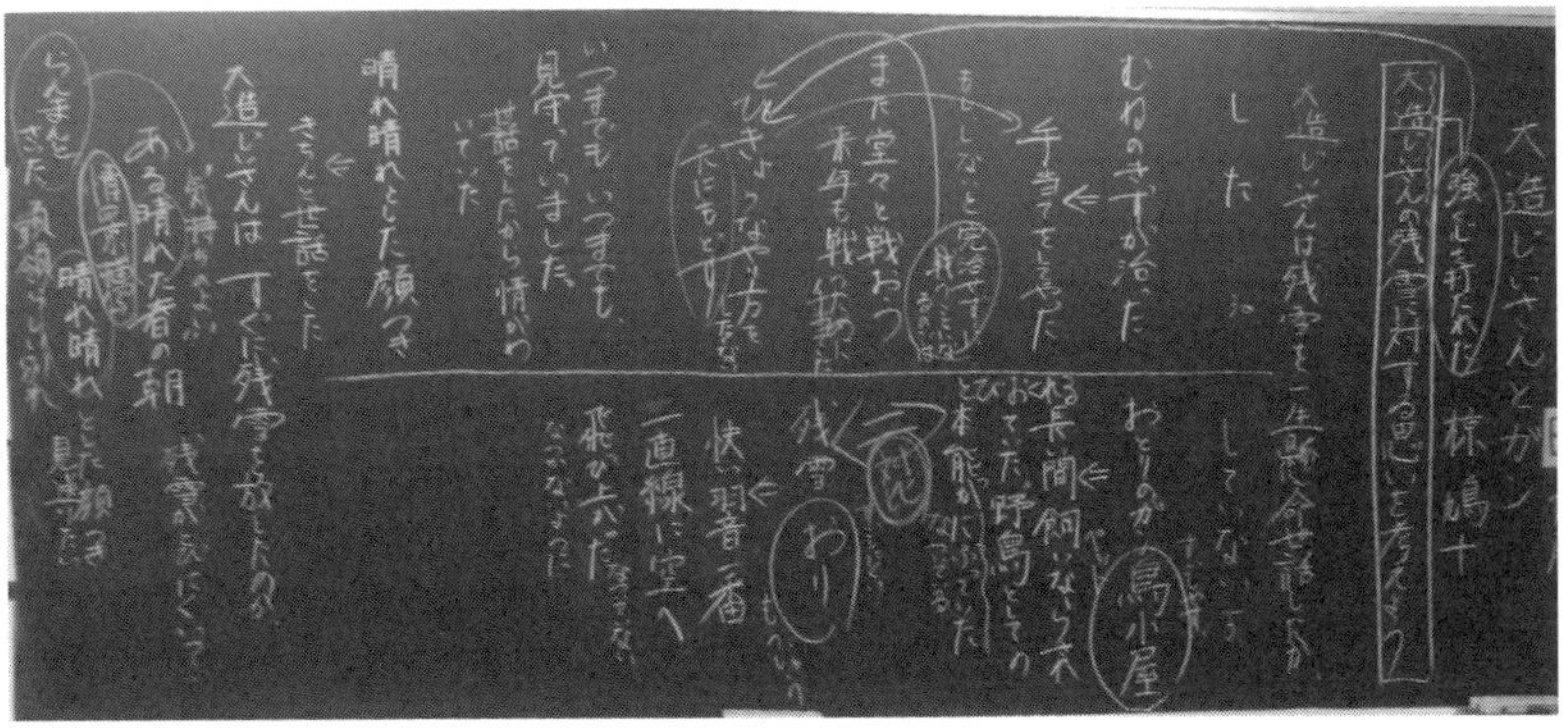

とはあまり描かれていないことを確かめた後、「大造じいさんは残雪を一生懸命世話したと思うか」と発問します。多くの子は、残雪の傷が癒えたことなどから大造じいさんが一生懸命世話したはずだと主張します。しかし、じっくりと読み真剣に考えていた「していない派」の子たちから、次のような意見が出されます。

・おとりのガンは野鳥としての本能がにぶっていたのですぐに飛び立てなかった。

・でも、残雪はすぐに飛び立っている。

・おとりのガンは鳥小屋で飼っていたのに、残雪はおりに入れられている。最低限の世話しかしていないのでは。

こうした意見が出ると、「した派」の子たちは自分たちの主張が、あくまで憶測に過ぎなかったことに気づかされていきます。傷が治ったからといって、それは懇切丁寧に世話していたとは言えないと気づくのです。同時に、「していない派」の意見の根拠の方が確かであることも感じます。

その上で、最終場面についてもう少し突っ込んだ発問をします。「大造じいさんは、残雪の傷が癒えたらすぐに放したのかな。」と尋ねます。ここでも子ども達は真剣な表情で、静かに本文を何度も読み返していました。「頭領」としての残雪を心から尊重しつつ、ある晴れた春の朝をわざわざ選んだこと、「晴れ晴れとした」という表現や情景などにそれが表れていることを子どもが主張してきます。

この授業を経ると、多くの子ども達の中で読みが変化します。それまでは、残雪とある意味「仲良く」なり、世話をしていたのだと思っていた大造じいさんが、実は野生の本能を鈍らせないように思慮深く接していたことが、叙述などを関連づけることで確かに想像され、好敵手を思いやるということの奥深さ、潔さなどがより一層見えてくるのです。また、残雪との別れの日にわざわざ晴れた日の朝を選んでいることも確かに推測され、より残雪への思いがくみ取れるようになります。これらのことは、わざわざ本文に書かれていることではありません。ですから、「推測」に過ぎないのですが、叙述を「関連づけていく」ことで、子ども達は確かな「読み」の一つとして持つようになっていくのです。このようにして、書かれていないことも、書かれていることを関連づけながら、推測していくことを経験させるのです。

○第五時　情景描写に着目して物語を読み直す

前時に話題に上がった「情景」についてここで再度取り上げておきます。情景のような「描写」からも心情を読み取れることは、高学年にとって重要です。それは、明確に「書かれていない」ことを「書かれていること」を基に読み取ることにつながるからです。高学年が読む作品は、大人が読む作品同様、「〜〜という気持ちだった」とか「悲しかった」などと直接的に書かれなくなっていきます。だからこそ、書かれていることを関連づけて、書かれていないことを読み取り推測することが大切に

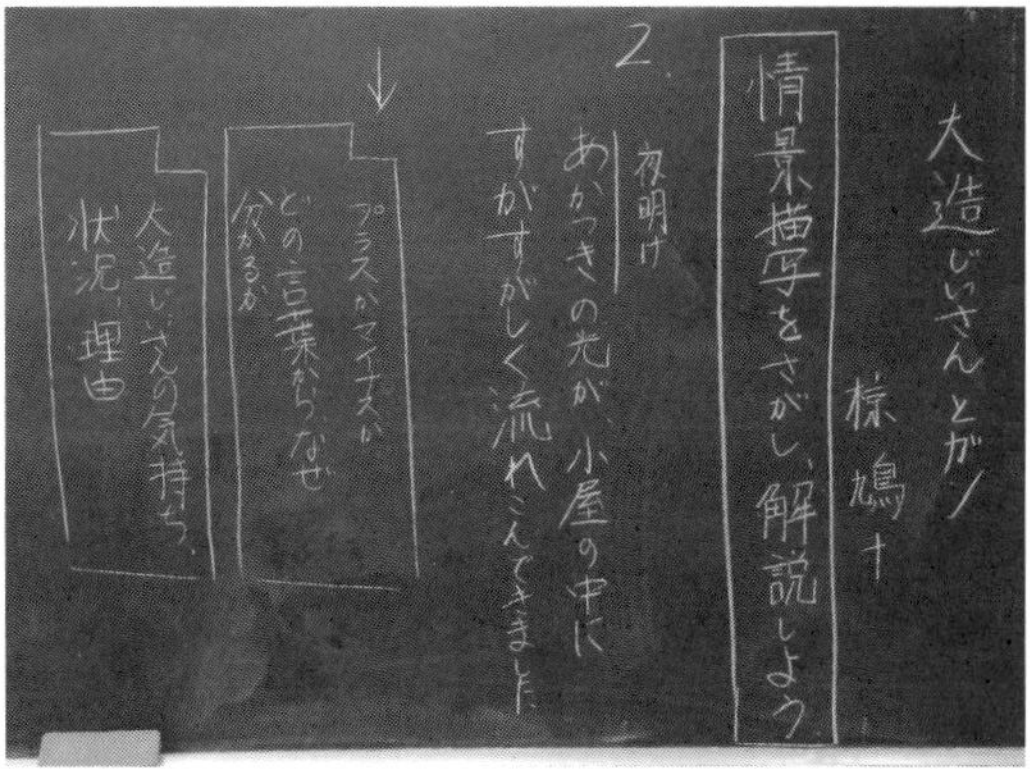

なってきます。

その最たる例が「情景描写」というわけです。とはいえ、情景描写は4年生でも学習しています。多くの場合は「ごんぎつね」で触れているはずです。ですから、子ども達にとっては「初出」ではないわけです。もちろん、忘れている子もいるので改めて確認は必要ですが、「大造じいさんとガン」では、「情景描写」というものがある、ということを指導するだけでは不十分だと思います。初出ではないので、習熟を図っていきましょう。

それでは、どのように習熟を図ればよいでしょうか。それは、子ども達に情景描写を見つけさせるだけでなく、なぜそれが情景描写として心情を表しているのか、そしてどんな効果があるのかを解説させるのです。上の板書のように型を示し、教師が本気で書いた一例を示すとよいでしょう。すると、子どもはこちらが思っている以上に熱中して書きます。ともすれば教師は子ども達に「書かせる」「やらせる」だけになりがちです。しかし、私の経験上、子どもが一番やる気になっているときは、教師が本気で「書き」「やる」ときです。率先垂範するわけです。「先生もやるから、みんなもやろう！」と、一見すると当たり前のようですが、そういう姿勢が最も重要だと、思い知らされます。

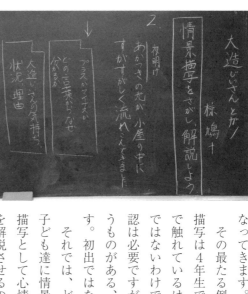

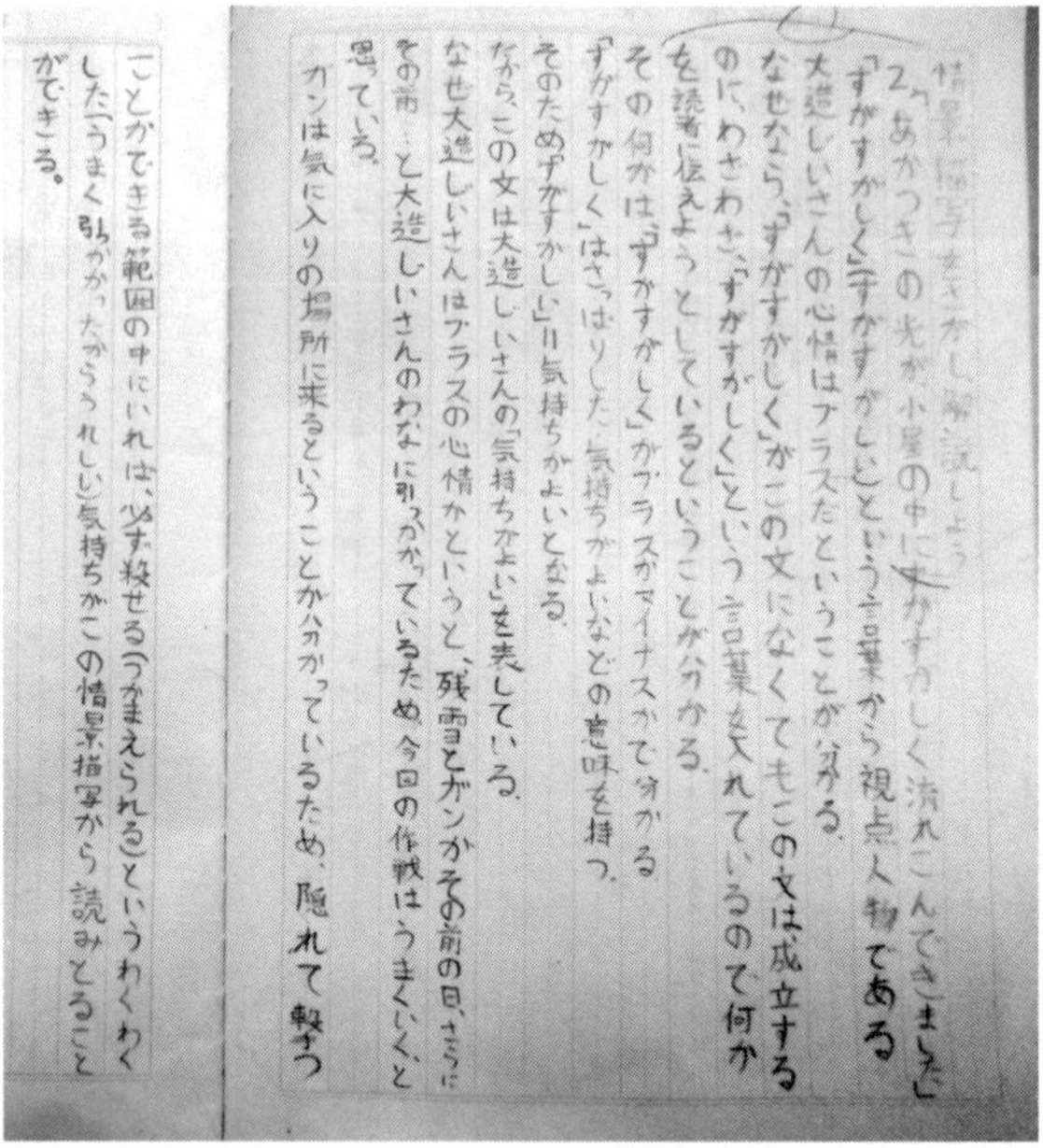
情景描写をさがし解説しよう
2,「あかつきの光が、小屋の中にすがすがしく流れこんできました」
「すがすがしく」すがすがしいという言葉から視点人物である
大造じいさんの心情はプラスだということが分かる。
なぜなら、「すがすがしく」がこの文になくてもこの文は成立する
のに、わざわざ「すがすがしく」という言葉を入れているので何か
を読者に伝えようとしているということが分かる。
その何かは「すがすがしく」がプラスかマイナスかで分かる
「すがすがしく」はさっぱりした気持ちがよいなどの意味を持つ。
そのためすがすがしい＝気持ちがよいとなる。
なから、この文は大造じいさんの「気持ちがよい」を表している。
なぜ大造じいさんはプラスの心情かというと、残雪とガンがその前の日、さらに
その前…と大造じいさんのわなに引っかかっているため、今回の作戦はうまくいくと
思っている。
ガンは気に入りの場所に来るということが分かっているため、隠れて殺す
ことができる範囲の中にいれば、必ず殺せる（つかまえられる）というわくわく
した（うまく引っかかったからうれしい）気持ちがこの情景描写から読みとること
ができる。

上の写真は、たった一つの情景描写について子どもが「解説」したノートです。たった一つの情景描写についてこれだけ書けるのもすごいことですが、なぜその表現が心情を表すのかを誰にでも分かるように示すには、これくらい丁寧に説明する必要があるのです。私のいう「習熟」とはこのレベルを指します。ここまでいけば、他の物語で情景描写を見つけ味わうことは容易になります。現に、この後示す子ども達が書いたレポート（学習作文）では、自分の好きな作品から情景描写を見つけ、解説文を書く子が多くいました。

情景描写の解説を書かせる上で重要なのは、プラスなのかマイナスなのかを明確に示させること、そしてそれがどの言葉から、なぜそのように判断できるのかを、「視点人物」の目から見た情景だということをカギとして語らせることです。語り手が視点人物の目を通して見た光景だからこそ、その人物の心情によってプラスやマイナスになり得るわけです。視点人物がプラスの気持ちだから、晴れ晴れとした天気が目につく、といった具合です。こうしたことを、丁寧に一から書かせていくことです。そのためには、教師が本気で一つ書いてみて、

子どもに示すのです。私が書いたものはあえてここには載せません。先生方が本気で書いてみて、子どもの本気を引き出してみてください。

○第六時　学習して考えたことをレポートにまとめる

本単元の終末も、考えたことをレポートに書かせます。「作品の魅力について」などと焦点化してもよいでしょう。以前、本単元が秋（文学の第二教材）に設定されていた際は、私は無期限課題として「学習したことや考えたことなどを自由に作文する」ことを子ども達に出していました。これが、本書冒頭に示したクラスで千枚以上の原稿用紙を使い、中には100枚超えの子も複数人いたという学習作文です。子ども達には、「あなた達の力を示してごらん。これまでの人生で最高に書いた！と言えるものにしてごらん。５年生が終わるまでに提出してくれればいいよ。」と伝えていました。よって、もちろん単元設定時間内に終わる子はおらず、100枚超えの子たちはみな5年生最後の日に提出してきました。（もちろん、途中経過でも目を通しておき、評価をしておくことは必要です。）つまり、その子たちは4か月間ほどをかけて書き続けていたということになります。最終単元となった今、ここまでの熱量と時間をかけることはできないと思いますが、書きたい子には書けるだけ書かせ、「人生最高」を経験させるのもよいのではないでしょうか。ここにすべてを載せることはもちろんできませんが、一部を載せたいと思います。

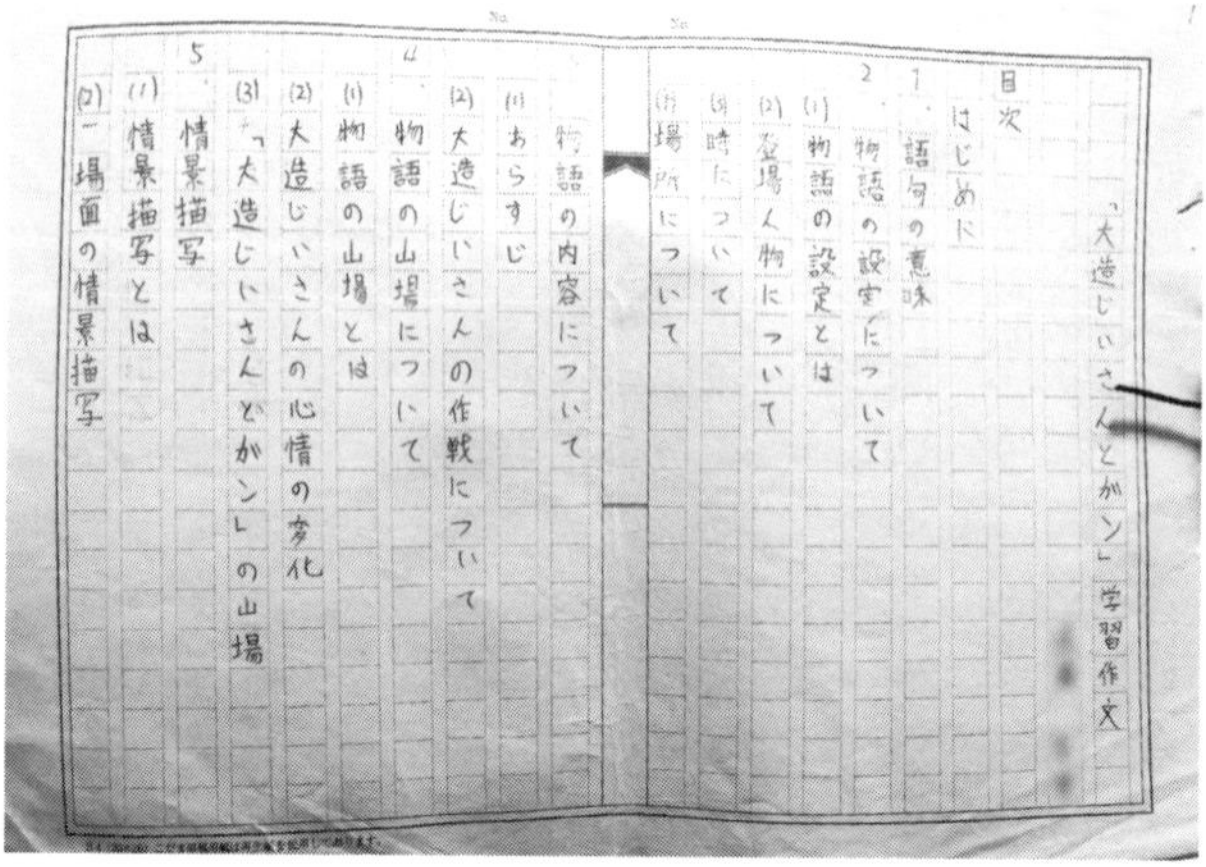

50枚超えの子くらいからは，
目次だけで原稿用紙２枚

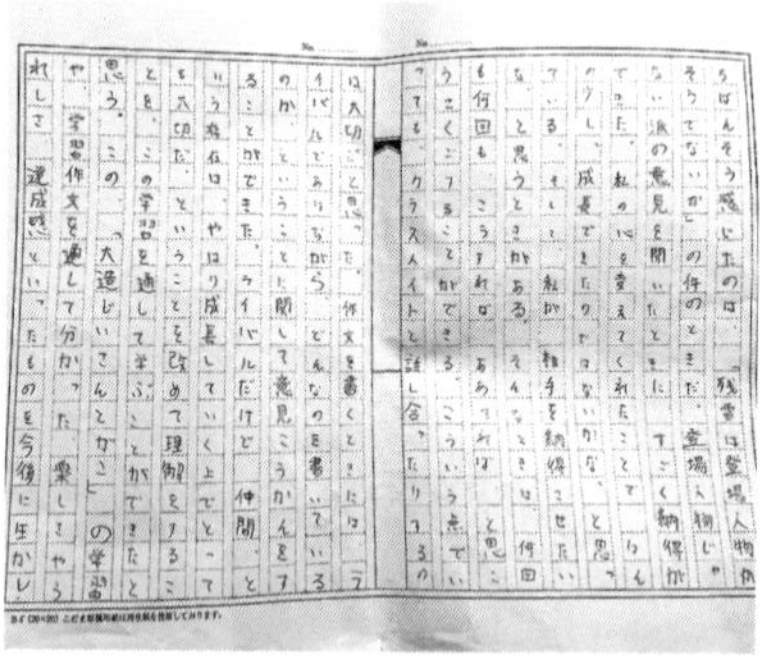

100枚以上書き上げた子の「おわりに」。書くことの楽しさを感じたこと，クラスメイトと話し合うこと，切磋琢磨し合うことの大切さを学んでいる。

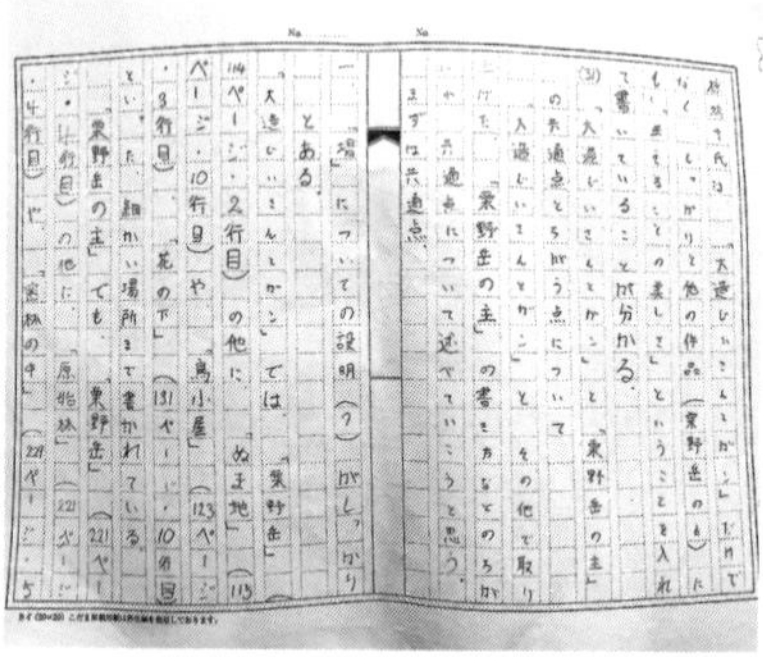

学習したことを活用して，椋鳩十の他作品（「栗野岳の主」）を読み「大造じいさんとガン」と比較し，共通点を導き出し，椋鳩十の個性に迫っている。作者論的な文学研究の萌芽が見て取れる。

3 説明的文章の指導
―筆者の意図の「推測」と、内容の「具体化」の両面を―

長崎伸仁（1992）では、説明文で指導すべき三つの要素を「内容」「論理」「筆者」としています。その上で、低学年では「内容」を、中学年では「論理」を、高学年では「筆者」を、主に読み取る対象にすべきと主張しています。ここでいう「筆者」とは、筆者の主張だけでなく説明の工夫や意図を読み取ることです。また、それらに対して自分の考えを持つことを含みます。つまり、筆者の主張と説明の仕方を読み取り、自分なりの考えを持つということです。ここで注意が必要なのは、筆者の主張は明確に書かれていますが、筆者による説明の工夫についてはわざわざその意図などは明記されていないということです。例えば、事例を読者の身近な順に配列していることなどは、本文に「事例は読者の皆さんに身近な順に並べました」などと書かれているわけがないのです。ですから、子ども達に「筆者はこういう意図でこのように書いたのではないか」と「推測」させる必要があります。本文の言葉や文を関連づけながら「推測」させていくようにします。そのためには、教師自身が教材研究（素材研究）の際に、十分「推測」しておく必要があります。「筆者はなぜこのように説明したのか」「ここではどんな説明の工夫をしているか」という観点で丁寧に教材文を読み込んでおきましょう。

子ども達が説明の工夫について「推測」を十分できるようになれば、説明文の読みが深まるだけでなく、子ども自身が書くときに役立ちます。身の回りには説明文が溢れています。新聞やレポート、指導案、企画書、この本だって一種の説明文です。大人になって文学を「書く」という人は少数ですが、ほとんどの人が説明文は「書く」ことになるのです。このようなことを踏まえると、説明文指導は「書く」ことと密接に関連しており、読めればそれでよいというものではないことが分かります。こうした観点から考えても、「推測」をさせることは重要なのです。

ただし、「推測」ばかりをさせていると疎かになりがちなのが、内容への深い理解です。「推測」は説明の仕方を考えることに偏りがちなのです。ですが、説明文を読む第一義は、「説明内容をつかむこと」に他なりません。これを疎かにして筆者の意図を考えさせるのは基礎・基本を疎かにしていると言えるでしょう。それでは、説明内容を深く理解させるには、どのように読ませればよいのでしょうか。それは「具体化」です。説明内容を字面だけで捉えるのではなく、それを踏まえて自分の身の回りや他の例に当てはめて考えさせてみるのです。例えば、後述しますが「見立てる」でいえば「見立てている他の事例を出してみる」などがこれに当たります。「類推」とも言えます。実際に考えてみると分かりますが、これは実は大人でも難しいことです。「見立てる」を読んであやとりで見立てていることが理解できても、その他の見立てている事例を出すとなると、なかなか出てこないものなのです。しかし、「あやとりがそうなら、じゃんけんもそうだな」などと他の例を出せてこそ、本当に「見立てる」ということについて理解していると言えます。実生活に当てはめて考えても同じことが言えます。一つの説明を聞いて、その説明を自分の中で具体化、類推し、「なるほど、じゃあこの場合も同じことが言えそうだな」などと自分の身の回りに当てはめて使えてこそ、本当に「理解」したと言えるでしょう。「一を聞いて十を知る」といったような、頭の回転が利く状態です。こういう理解ができる人は、自分で言い換えたり、自分の知識や経験と結びつけたりして、情報を編集しています。

認知心理学において、大河内祐子（2001）は、コテ、チィらの研究をまとめ、説明文読解中の活動として以下のものを挙げています。（p.71）

①言い換え（paraphrases）
②精緻化（elaboration）
③自己説明（self-explanation）

「言い換え」は、「元の文の単語の並べ替え」であり、「精緻化」は、「知識を用いて自分の言葉で説明したり、経験を連想したり、因果を推論したりすることによって、もとの文を修飾すること」としています。また「自己説明」は「文や単語の言い換えと異なり、テキストに書かれていることを超えて新しい知識を推論すること」（p.71）です。つまり、自分の知識や経験と関連づけて、「具体化」していることです。高学年の説明文指導においては、筆者の説明の工夫を「推測」させることと、文章内容と自分の経験や知識とを結びつけさせて「具体化」させ文章理解を深くしていくことを意識していきましょう。

①「見立てる／言葉の意味が分かること」の指導

○単元の流れ　（　）内は主な発問

⓪説明文学習オリエンテーション：1年生教材を用いて既習事項を確認する。

①「見立てる」を読み、文章の構成をつかんだり筆者の主張をつかんだりする。音読練習をする。
②「見立てる」の事例について考える。（あやとりではない事例でもよい？）音読練習をする。
③「言葉の意味が分かること」全文を読み感想や疑問を書き交流する。筆者の主張など、文章の大体をつかむ。音読練習をする。
④「言葉の意味が分かること」文章の構成について考える。（何型なのか）
⑤「言葉の意味が分かること」事例について考える。（コップではなくてもよい？　その後の二つの例は何のためにある？）
⑥「言葉の意味が分かること」原因と結果について整理し、要旨を150字以内、70字以内、300字以内などでまとめる。
⑦言葉を学ぶということについて考えたことを文章にまとめ、読み合う。

○単元のねらい

・原因と結果など情報と情報との関係について理解することができる。
・事実と感想、意見などとの関係を叙述を基に押さえ、文章全体の構成を捉えて要旨を把握することができる。
・文章を読んで理解したことに基づいて、自分の考えをまとめることができる。
・スラスラと、内容の大体や文章の構成を考えながら音読することができる。

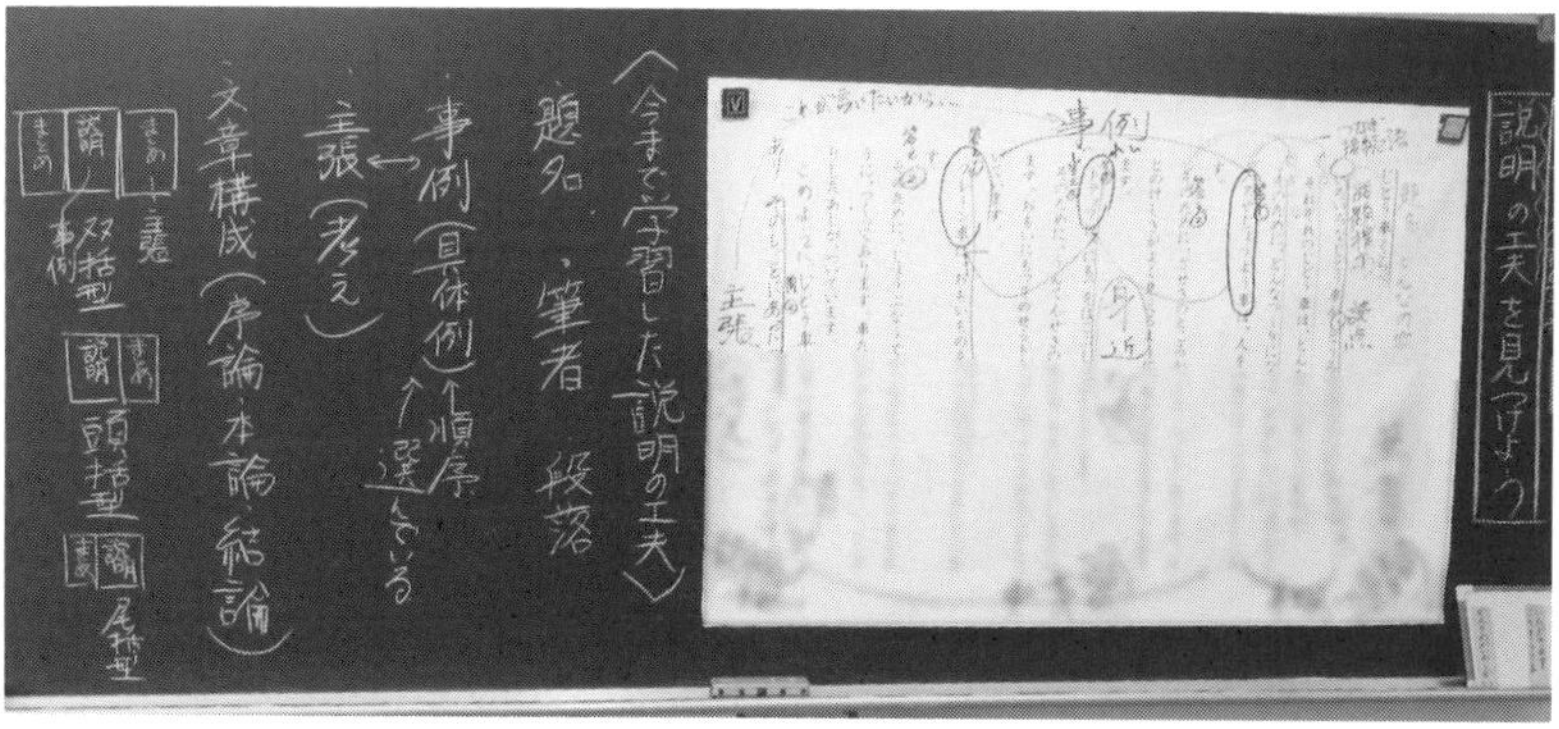

○第○時　説明文学習オリエンテーション：
1年生教材を用いて既習事項を確認する

説明文は、文学よりも既習事項がはっきりしており、それを基に読み進めたり話し合いをしたりする側面が大きくなっています。逆に言うと、既習事項を押さえられていないと、今後の授業の土台を確かにすることはできません。

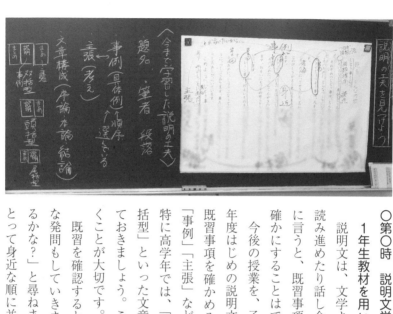

今後の授業を、子ども達が同じ土俵で進めていけるように、私は年度はじめの説明文単元では、どの学年でも1年生の教材を用いて既習事項を確かめる時間を取ります。ここで、「題名」や「筆者」「事例」「主張」などといった基本的な学習用語を確認していきます。特に高学年では、「序論・本論・結論」や「双括型」「頭括型」「尾括型」といった文章構成に関する学習用語についてしっかり押さえておきましょう。こうしたことを既習として、次時以降生かしていくことが大切です。

既習を確認するとともに、「説明文って面白い！」と思えるような発問もしていきましょう。例えば、「事例の順序はどうなっているかな？」と尋ねます。1年生の簡単な説明文でも、事例が読者にとって身近な順に並べられていることに気づき、説明文の奥深さを

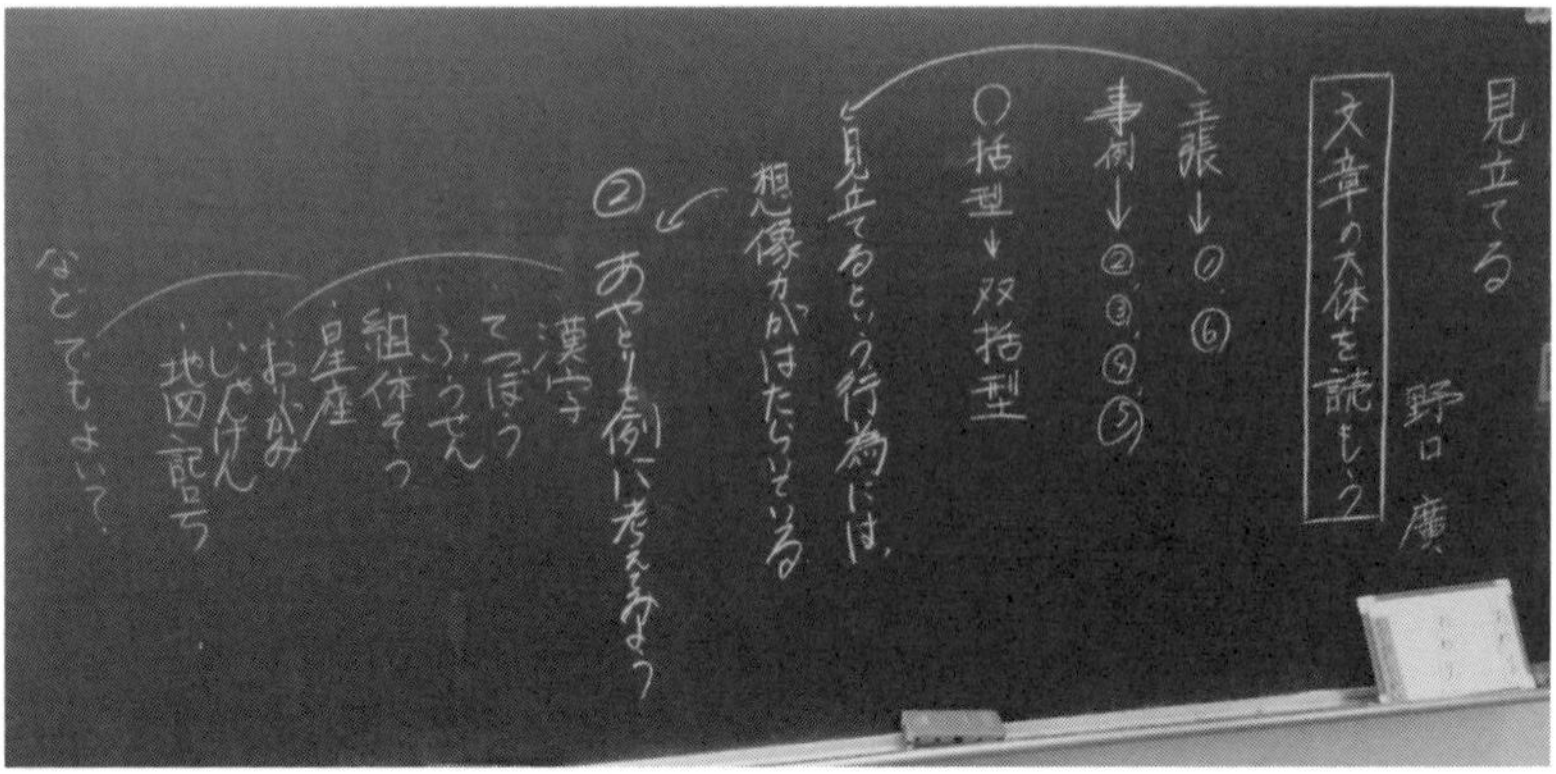

体感します。5年生でも、意外なほど事例の順序には何の意図もないと思っている子が多くいます。そういう子が、この授業で筆者の意図を確かに感じると、「鳥肌が立った」と口にします。これから、筆者の意図を「推測」していくことを子ども達に意識づける授業です。

○第一時「見立てる」を読み、文章の構成や筆者の主張をつかむ／音読練習をする

いよいよ5年生の教材を使った学習に入っていきます。ここで意識することは二つです。

一つは、音読の指導に力を入れることです。音読指導は、説明文でこそ指導すべきです。スラスラと読み上げる音読を伸ばしていくことこそ子ども達の学力保障につながると述べましたが、それは文学よりも説明文の方が取り組みやすいからです。一人一人の音読を聞き、個別評価をしましょう。また、単元末には市販テストと抱き合わせで音読テストも行っていきましょう。

いま一つは、既習を足場にしながら文章の構成や筆者の主張など、文章の大体をつかんだ上で、「具体化」させていくことです。

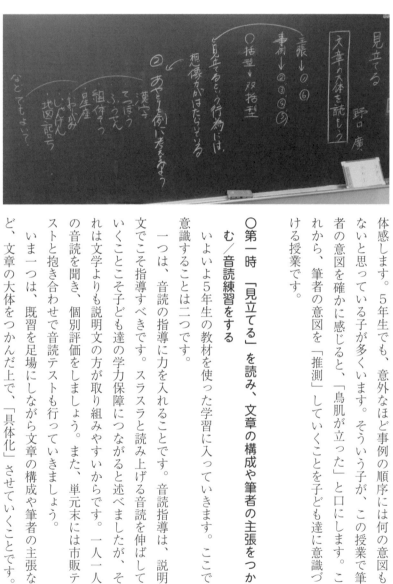

何括型の文章かを考えさせていくことで、筆者の主張や事例が見えてきます。また、「みんな、この文章のどこが面白かった？」と尋ねると、ほとんどが「あやとりのところ」などと事例の段落を挙げます。その発言を受け、「じゃあ、この文章の題名もあやとりの方がいいよね？」と返すと、子ども達は一様に、「いや、ダメだよ！」と口にします。その理由を聞いていくと、「あやとりは事例だから。」「あやとりを例に考えてみよう、と書いてあるよ。」などと発言し、あやとりが事例だということを自然に押さえられます。その上、「見立てているのは、あやとりだけじゃないよ。例えば漢字とかもそう。」と「具体化」する子も出てきます。この発言が出てきたら、しめたものです。教師は、「えっ、見立てている他の例もあるの？」とわざとボケてあげましょう。すると子ども達は「あるよ！　鉄棒の技もそうだし……」と次々に具体化していきます。

このように具体化していると、あることが起こります。それは、「見立てる」という言葉の意味や概念を、一読しただけではつかめていなかった子たち（多くの場合は読むのが苦手な子たちです）が、他の子たちが出す他の事例を聞いて理解し始めるのです。そして、そのような子たちが「なるほど、見立てるってそういうことか！　だったら、じゃんけんもそうじゃない!?」などと逆に発言するようになります。「具体化」をさせることは、読むことが得意な子にとっても、字面だけでなく深い内容理解を必要とする、負荷の高い読みをさせることです。その子たちに歯ごたえのある学習活動を求めつつ、その具体化が、読むのが苦手な子の理解に役立つという、一石二鳥的な授業スタイルです。

その中、ある子が「こんなに見立てているものがあるなら、あやとりじゃない事例でもよかったのかなぁ。」とつぶやきます。私がそれをすかさず拾い、「みんなはどう思う？」と全体に尋ねると、

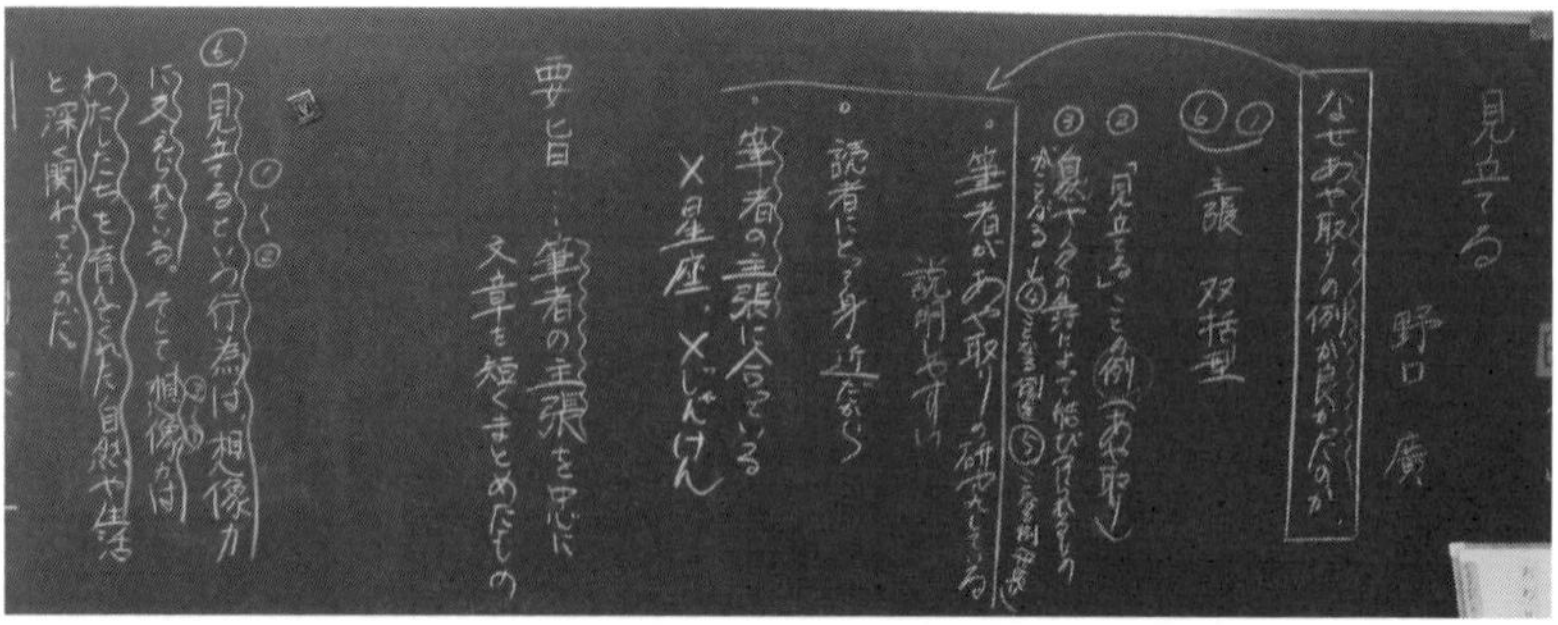

「うーん、確かにな」といった表情になります。次の時間に詳しく話し合おう、と言って授業を終えました。

○第二時　「見立てる」の事例について考える／音読練習をする

この時間は、十分音読をした後、前時に出た「あやとりではない事例でもよかったのか」ということについて話し合います。

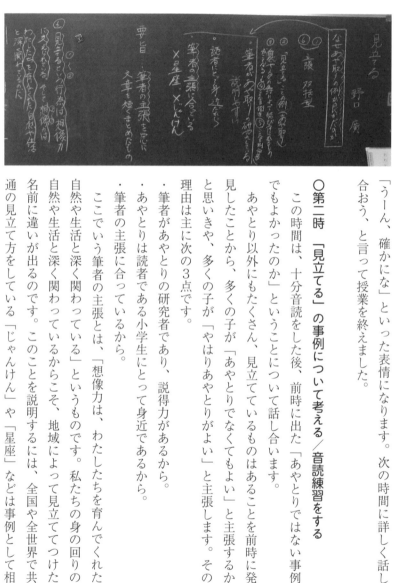

あやとり以外にもたくさん、見立てているものはあることを前時に発見したことから、多くの子が「あやとりでなくてもよい」と主張するかと思いきや、多くの子が「やはりあやとりがよい」と主張します。その理由は主に次の3点です。

・筆者があやとりの研究者であり、説得力があるから。
・あやとりは読者である小学生にとって身近であるから。
・筆者の主張に合っているから。

ここでいう筆者の主張とは、「想像力は、わたしたちを育んでくれた自然や生活と深く関わっている」というものです。私たちの身の回りの自然や生活と深く関わっているからこそ、地域によって見立ててつけた名前に違いが出るのです。このことを説明するには、全国や全世界で共通の見立て方をしている「じゃんけん」や「星座」などは事例として相

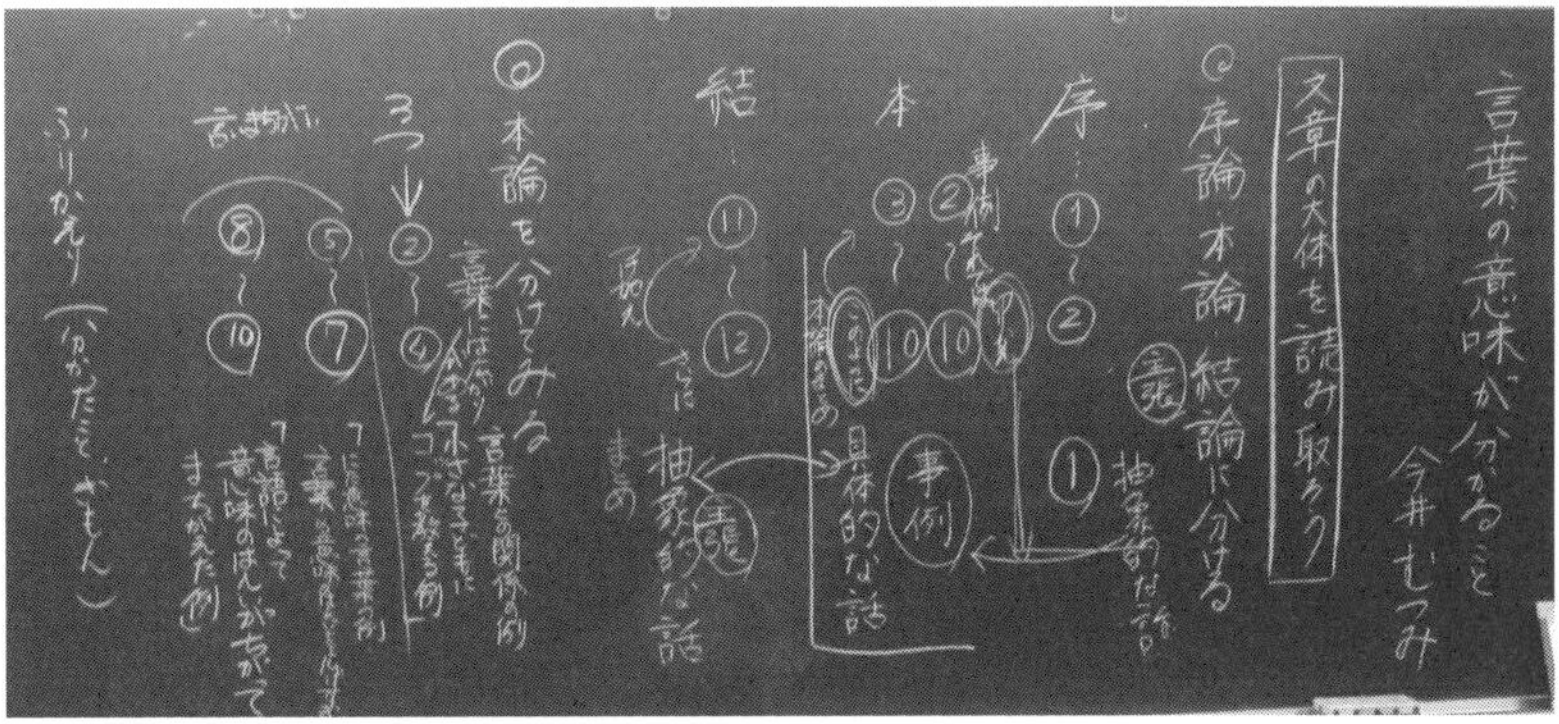

応しくない、と子ども達は主張していました。

この授業を通して、子ども達は、改めて主張と事例の関係性について深く考え、筆者は自分の主張に適した事例を選択していることに気づきました。

○第三時　「言葉の意味が分かること」全文を読み感想や疑問を書き交流する／筆者の主張など、文章の大体をつかむ／音読練習をする

第三時から「言葉の意味が分かること」の学習に入っていきます。ここでも、音読を重視しつつ、既習を使いながら効率よく文章の大体を押さえていきましょう。序論・本論・結論に分けさせるだけでも、主張はどこで事例はどこで……と考えることになるのでおススメです。その上で、何型の説明文かも考えさせます。すると、この教材では意見が割れます。双括型と言う子と尾括型と言う子に分かれるのです。このことは次時に改めて話し合うことを予告しておきます。また、本教材のようにある程度の長さの文章になってきたら、今度は本論も意味のまとまりごとに区切らせると、より文章の構成をつかめてきます。これは、分かっているから区切れるのではありません。区切ることで分かるようになるのです。そのため、序論・

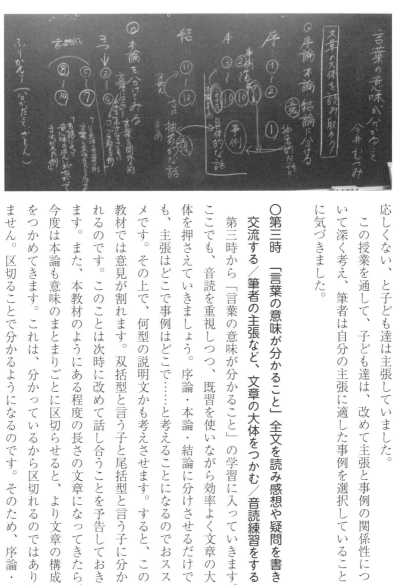

本論・結論と区切らせたり、本論を区切らせたりすると心得ましょう。ただ、本論を区切らせるとき、自由に区切らせると話し合いがしにくくなり、逆に混乱を招くことがあります。どんな基準で区切ったらいいか、子どもによって具体度が異なり、二つとする子もいれば、細かく五つなどとする子も出てくるからです。そこで、おススメなのはいくつに区切るかをあらかじめ指定することです。そうすれば、その個数に合わせて、区切りの具体度を子どもがコントロールすることができます。

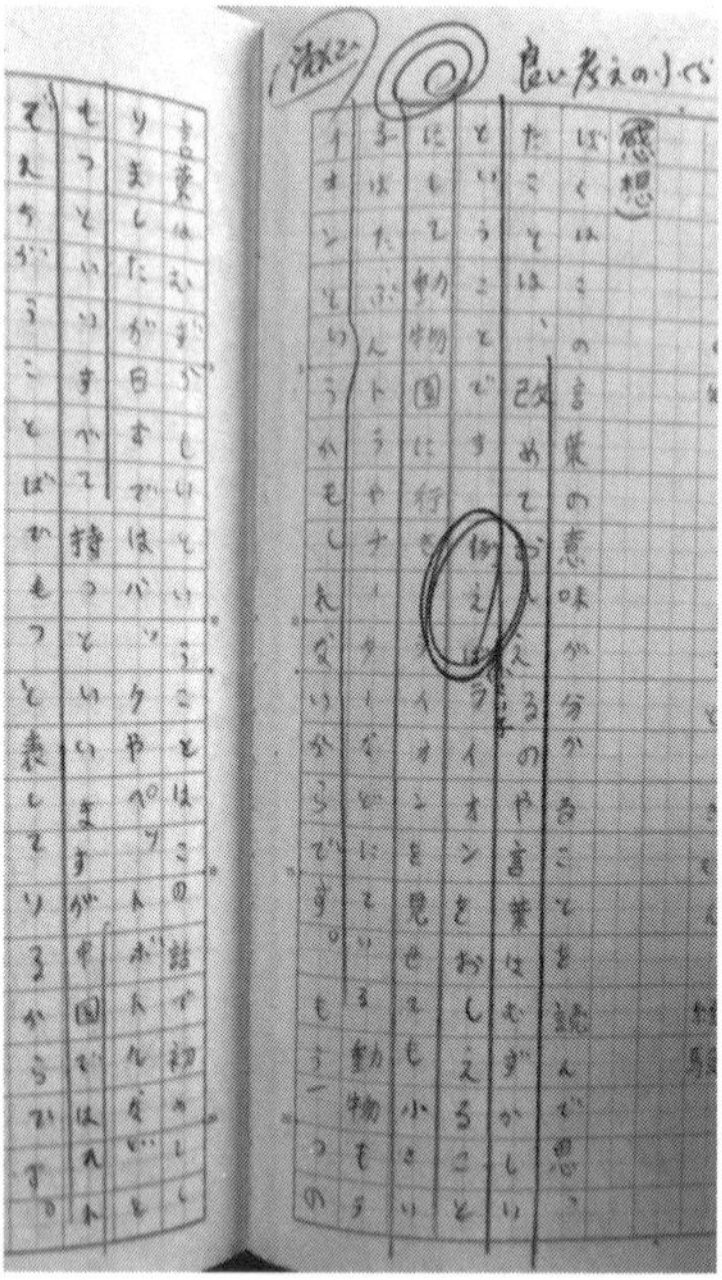

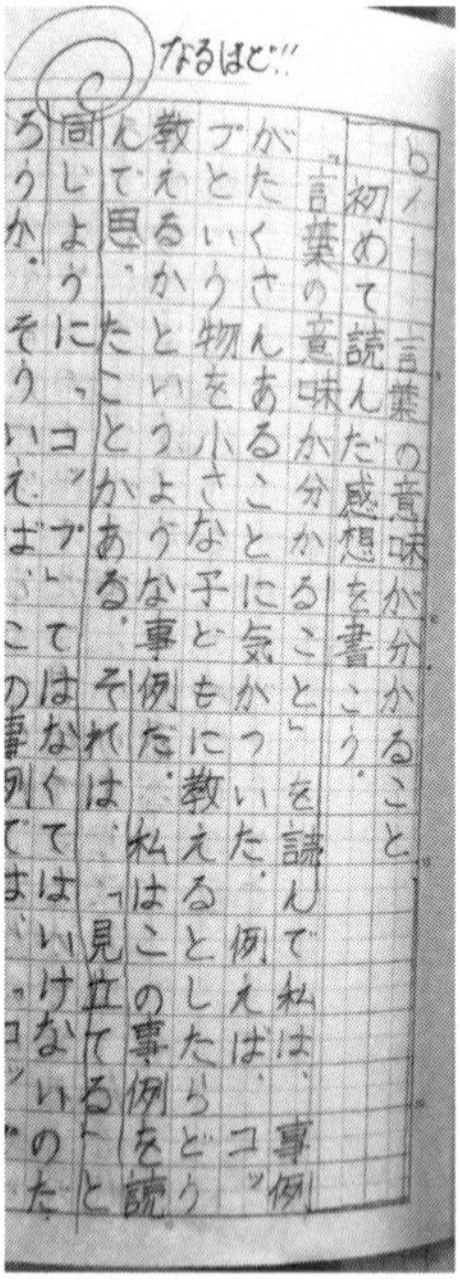

内容の大体をつかむ前後に、初めて読んだ感想を書かせておきましょう。前時までの「推測」や「具体化」がどれくらい根づいているかがよく分かります。上の右のノートでは、「例えば」という言葉を用いて、文章内容をさらに自分の言葉で「具体化」している様子がよく分かります。また、左のノートでは、「コップが事例でなくてはいけないのか」ということについて考えています。前時までの学習を生かして、筆者がこの事例を選んだ理由を「推測」してい

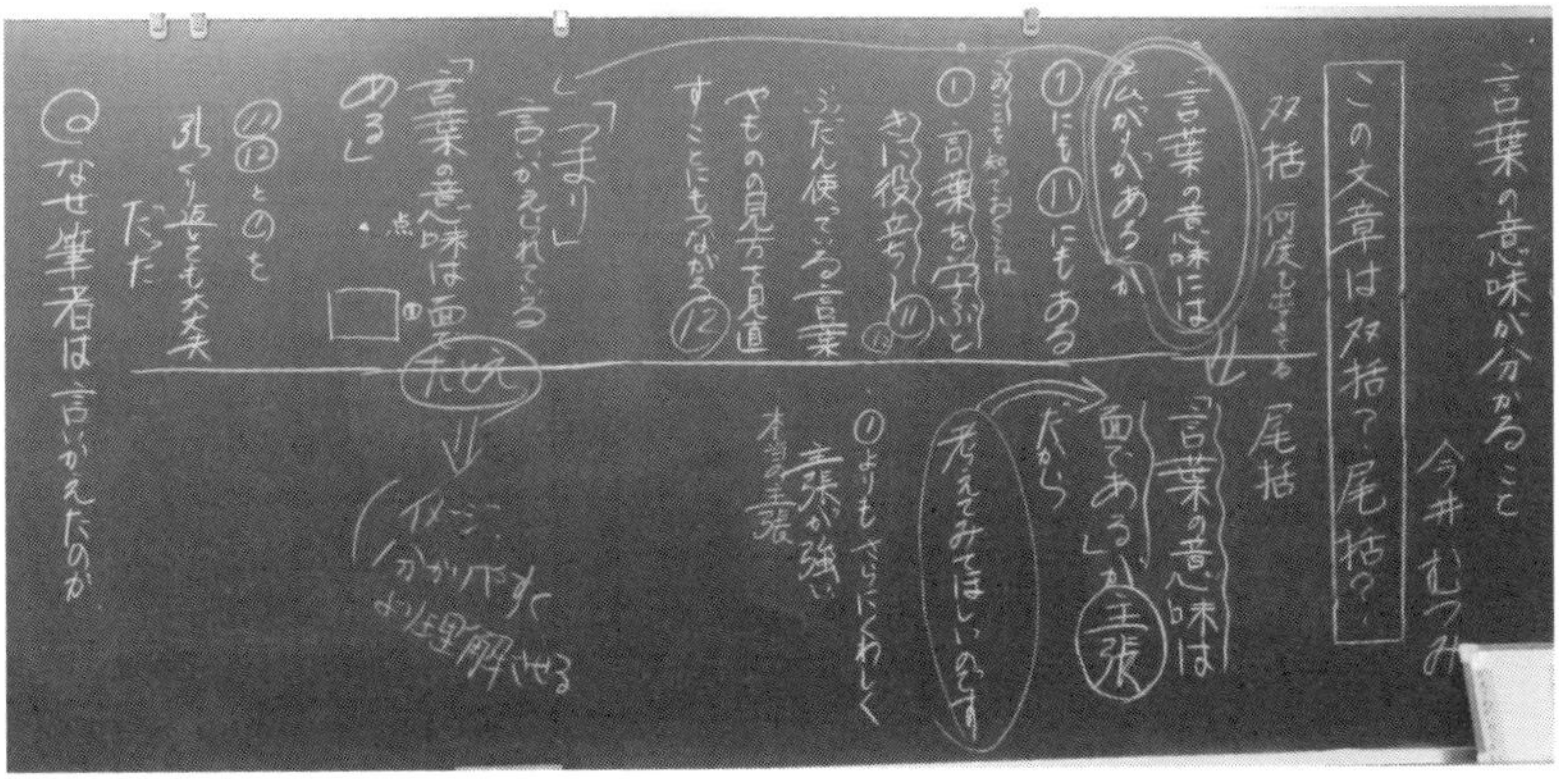

るわけです。こうした子どもの言葉を生かして、今後の授業につなげられるとなおよいです。

○第四時　「言葉の意味が分かること」文章の構成について考える

ここでは、前時に出た「双括型なのか尾括型なのか」という話題を深掘りします。

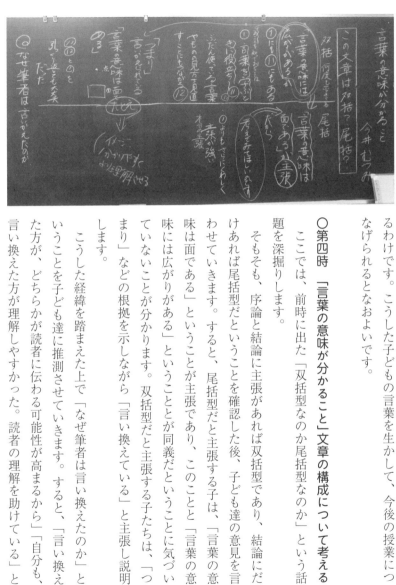

そもそも、序論と結論に主張があれば双括型であり、結論にだけあれば尾括型だということを確認した後、子ども達の意見を言わせていきます。すると、尾括型だと主張する子は、「言葉の意味は面である」ということが主張であり、このことと「言葉の意味には広がりがある」ということとが同義だということに気づいていないことが分かります。双括型だと主張する子たちは、「つまり」などの根拠を示しながら「言い換えている」と主張し説明します。

こうした経緯を踏まえた上で「なぜ筆者は言い換えたのか」ということを子ども達に推測させていきます。すると、「言い換えた方が、どちらかが読者に伝わる可能性が高まるから」「自分も、言い換えた方が理解しやすかった。読者の理解を助けている」と

筆者の意図を捉えていきます。

○第五時　「言葉の意味が分かること」事例について考える

初めて読んだ感想に出てきた「事例はコップでなくてはいけないのか」ということを話し合います。

結論から言うと、子ども達の話し合いはこの教材では「コップでなくてもよい」となります。意見としては、「今回はコップの研究者ではない」というものから「魚やボール、筆箱、つくえ、自動車など、すべて言葉の意味に広がりがある」や「そもそもこの事例は、小さな子どもに言葉を教える例である」というものなどが出ます。特に、「魚」や「ボール」といっても、私たちは頭の中にイメージするものが一人一人違うはずです、と文章内容を「具体化」した主張は、そもそも「言葉の意味に広がりがある」ということをつかみ損ねている子たちにとって大きな支援となります。この授業でも、なかなか理解できていなかった子たちが理解し、「なるほど、だったらこれも……」と発言する姿が多くありました。また、そもそもこれは「小さな子どもに言葉を教える例」だという意見も鋭いです。これは次の話題につながっていくのですが、確かにこれはコップの

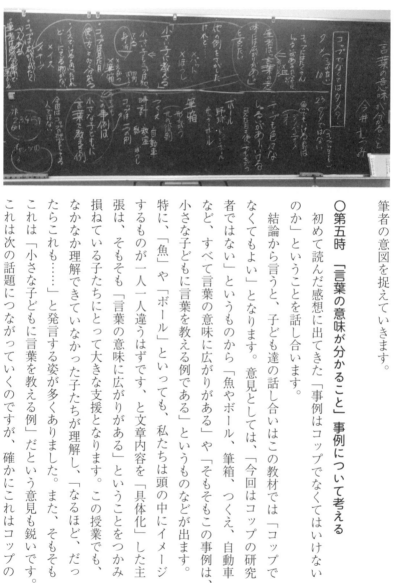

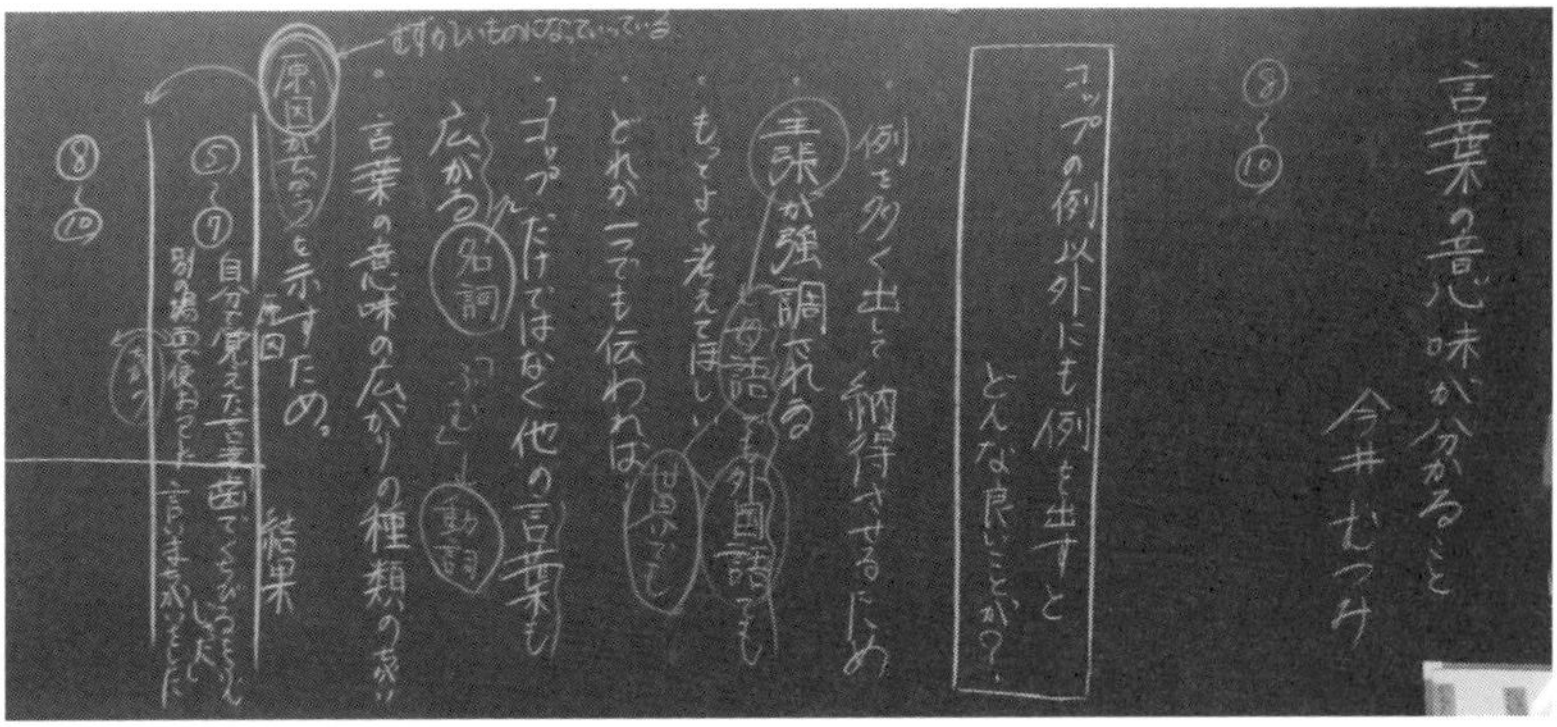

事例でありつつも、もっと引いた目で文章全体に目を向けると、「小さな子どもに言葉を教える（母語）例」とも捉えられるのです。

そこで、このコップの例だけでも言葉の意味に広がりがあるということは読者に伝わるのに、なぜその後二つも事例が出てきたのかということを追加で話し合いました。

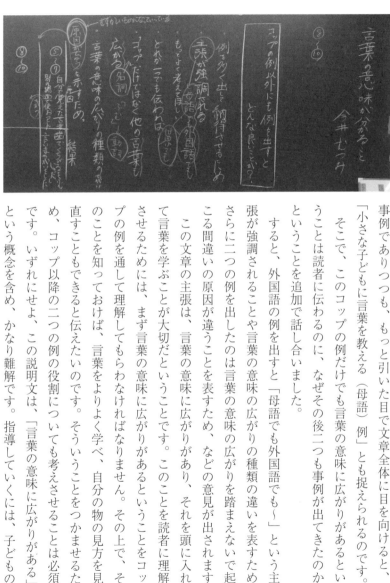

すると、外国語の例を出すと「母語でも外国語でも～」という主張が強調されることや言葉の意味の広がりの種類の違いを表すため、さらに二つの例を出したのは言葉の意味の広がりを踏まえないで起こる間違いの原因が違うことを表すため、などの意見が出されます。

この文章の主張は、言葉の意味に広がりがあり、それを頭に入れて言葉を学ぶことが大切だということです。このことを読者に理解させるためには、まず言葉の意味に広がりがあるということをコップの例を通して理解してもらわなければなりません。その上で、そのことを知っておけば、言葉をよりよく学べ、自分の物の見方を見直すこともできると伝えたいのです。そういうことをつかませるため、コップ以降の二つの例の役割についても考えさせることは必須です。いずれにせよ、この説明文は、「言葉の意味に広がりがある」という概念を含め、かなり難解です。指導していくには、子どもの思考の流れをよく見取らなくてはなりません。

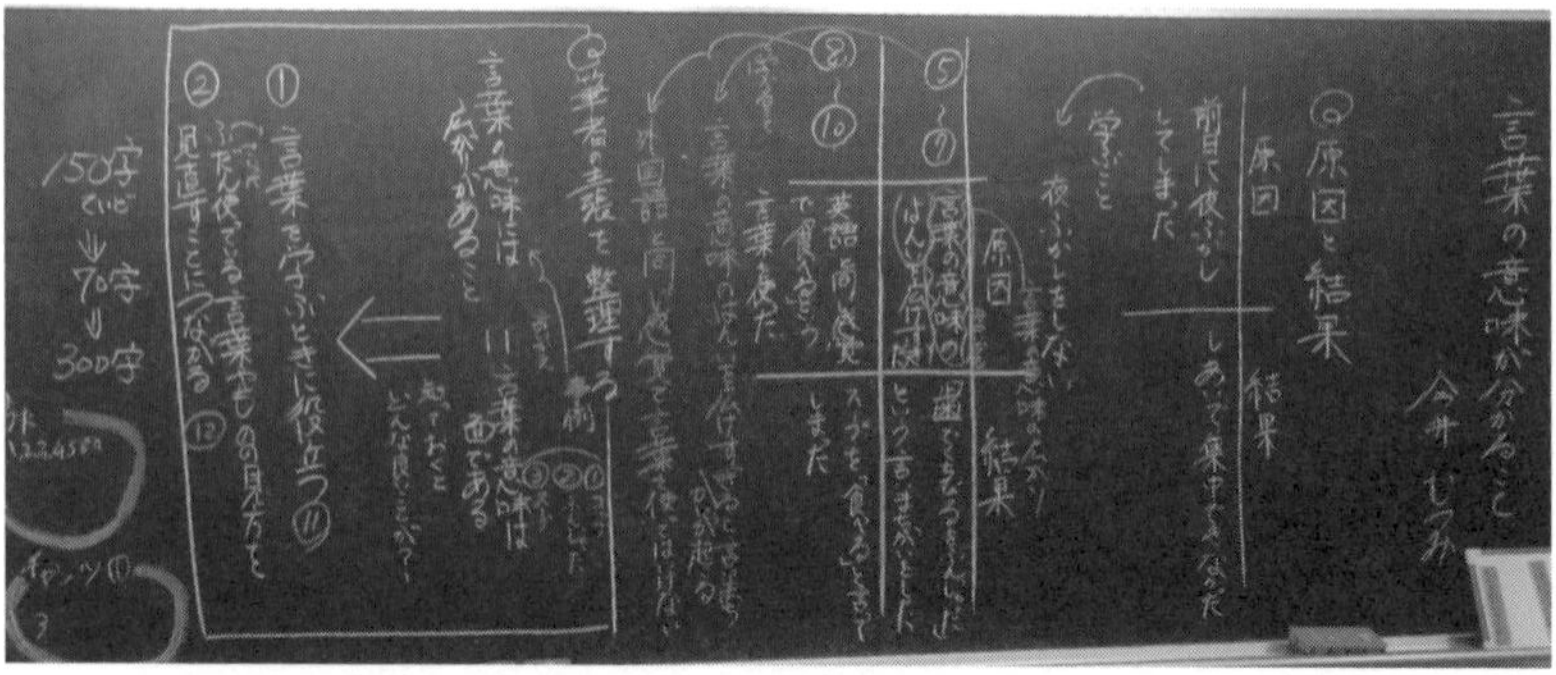

○第六時　「言葉の意味が分かること」原因と結果について整理し、要旨を150字以内、70字以内、300字以内などでまとめる

この時間のポイントは二つあります。

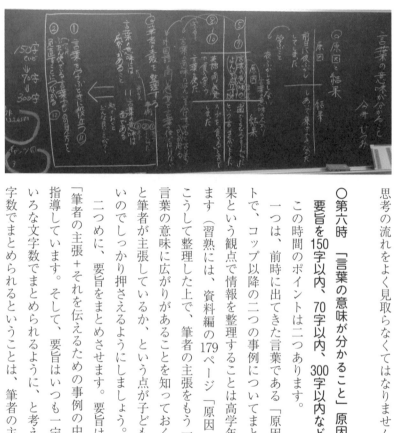

一つは、前時に出てきた言葉である「原因」とその「結果」をセットで、コップ以降の二つの事例についてまとめることです。原因と結果という観点で情報を整理することは高学年の指導事項にもなっています（習熟には、資料編の179ページ「原因・結果クイズ」を参照）。こうして整理した上で、筆者の主張をもう一度押さえ直します。特に、言葉の意味に広がりがあることを知っておくとどんなよいことがあると筆者が主張しているか、という点が子ども達にとって見落としやすいのでしっかり押さえるようにしましょう。

二つめに、要旨をまとめさせます。要旨は、諸説ありますが、私は「筆者の主張＋それを伝えるための事例の中心」と捉え、子ども達に指導しています。そして、要旨はいつも一定の文字数だけでなくいろいろな文字数でまとめられるように、と考えています。いろいろな文字数でまとめられるということは、筆者の主張は押さえつつ、事例をどれくらい具体的にまとめるかを自在にコントロールできるということです。具体度をコントロールできる子は、本当に文章内容を理解し頭の中が整理できている子です。ここでは、150字以内→70字以内→300字以内と、一つ一つできたら私に見せて、合格したら次に進むシステムにしました。読解力がある子は、休み時間まで熱中して取り組み、「先生！　300文字できたので見てください！」と見せに来ましたし、そうでない子も150字にじっくりと取り組み、時には私から助言をしました。要旨の合格の観点は、「筆者の主張」を外していないことが第一条件です。150字以内であれば、筆者の主張（言葉の意味には広がりがあり、それを知っているとどんなよいことがあるか）と事例の概要を書いたら文字数いっぱいでしょう。逆に70字では、筆者の主張を少し詳しく述べたらそれで終わりです。300字になると、筆者の主張に加え、事例を概要だけでなく少し具体例も出すといった具合になります。いずれの場合も、こうでなくてはいけない、という正解はありません。大切なのは、子ども達が文章の重要点（主張、事例の中心）を外さずに、具体度を意識的にコントロールする過程です。

○第七時　言葉を学ぶということについて考えたことを文章にまとめ、読み合う

最後に、言葉を学ぶということについて考えの形成を図ります。端末で書かせ、共有し合いました。書いている途中、あるいはほぼ完成という段階で私に一旦送らせ、一つ一つコメントを入れてさらに質が高まる指導をしました。やはり自分の身の回りに当てはめる「具体化」は難しいところですが、求めていきたいことです。このようにして具体的に指導すると、子ども達は「具体化」を頑張って行うようになっていきます。

[Sさん]

言葉の意味の広がりを理解するのは，とても重要なことだと思った。言葉の意味の広がりを理解していないとどの場面で使えばいいのかわからなくなり，使えないからだ。自分も，わからない言葉があったとき，人に聞いたり，辞書を引いたりしていて，なんとなくわかった気になっていた。しかし，実践で使えないと言葉を覚えた意味がないと思う。だから，言葉の意味の広がりを理解することは大切である。この文章を読んでからは言葉を調べたときにどの場面で使うか考えるようになった。そうしたことで，使える言葉が広がった。

広がりが理解できると言葉を学ぶときに役立ち，ものの見方を見直すことにつながることがわかった。「言葉の意味には広がりがある」ことを知っておけば，言葉を学ぶときに「どの場面で使えるかな」「この場面では使えないな」など意味を深く理解することができる。また，広がりを理解すると，「どうして，この言葉とこの言葉は違うのだろう」と疑問が生まれ，ものの見方を見直すことにつながる。例えば，「ポジティブ」という言葉を覚えるとき，まず，意味を調べるであろう。その時に，「ポジティブは相手を褒めるときなどに使えるんだな」と考えることで使える言葉の範囲が広がる。また，自分で言葉の意味を調べることは，印象に残りやすいのではないかと思う。そして，反対の意味の言葉，「ネガティブ」なども一緒に知るとさらに良いと思った。なぜなら，反対の意味の言葉を知ることで，ポジティブの言葉の意味の範囲を正確にわかることができるからだ。そうすれば，正しい場面で使えるようになる。

言葉の意味の広がりを理解することで，使える言葉が広がり，理解をさらに深められる。言葉の意味には広がりがあるということを覚えていると，さらに言葉について理解ができるからこれからも意識していこうと思った。

②「固有種が教えてくれること」の指導

○単元の流れ　（　）内は主な発問

①単元の計画を立てる。題名読みをし、初めて読んだ感想を書き交流する。
②文章の構成と主張を捉え、文章の大体をつかむ。
③本論の内容を押さえる（段落に見出しをつけるとしたら？）（読んで考えたことを書き込もう）
④資料なしの本文を読むことで資料の効果について考える。
⑤筆者の主張や述べ方について考えをまとめる。
⑥～⑩「社会は暮らしやすい方に向かっているのか」というテーマのもと、資料を用いながら自分の考えを述べる文章を書く。
⑪書いた文章を読み合い、感想を伝え合う。

○単元のねらい

・情報と情報との関係づけの仕方、図などによる語句と語句との関係の表し方を理解し使うことができる。
・引用したり、図表やグラフなどを用いたりして、自分の考えが伝わるように書き表し方を工夫することができる。
・目的に応じて、文章と図表とを結びつけるなどして必要な情報を見つけたり、論の進め方について考えたりすることができる。

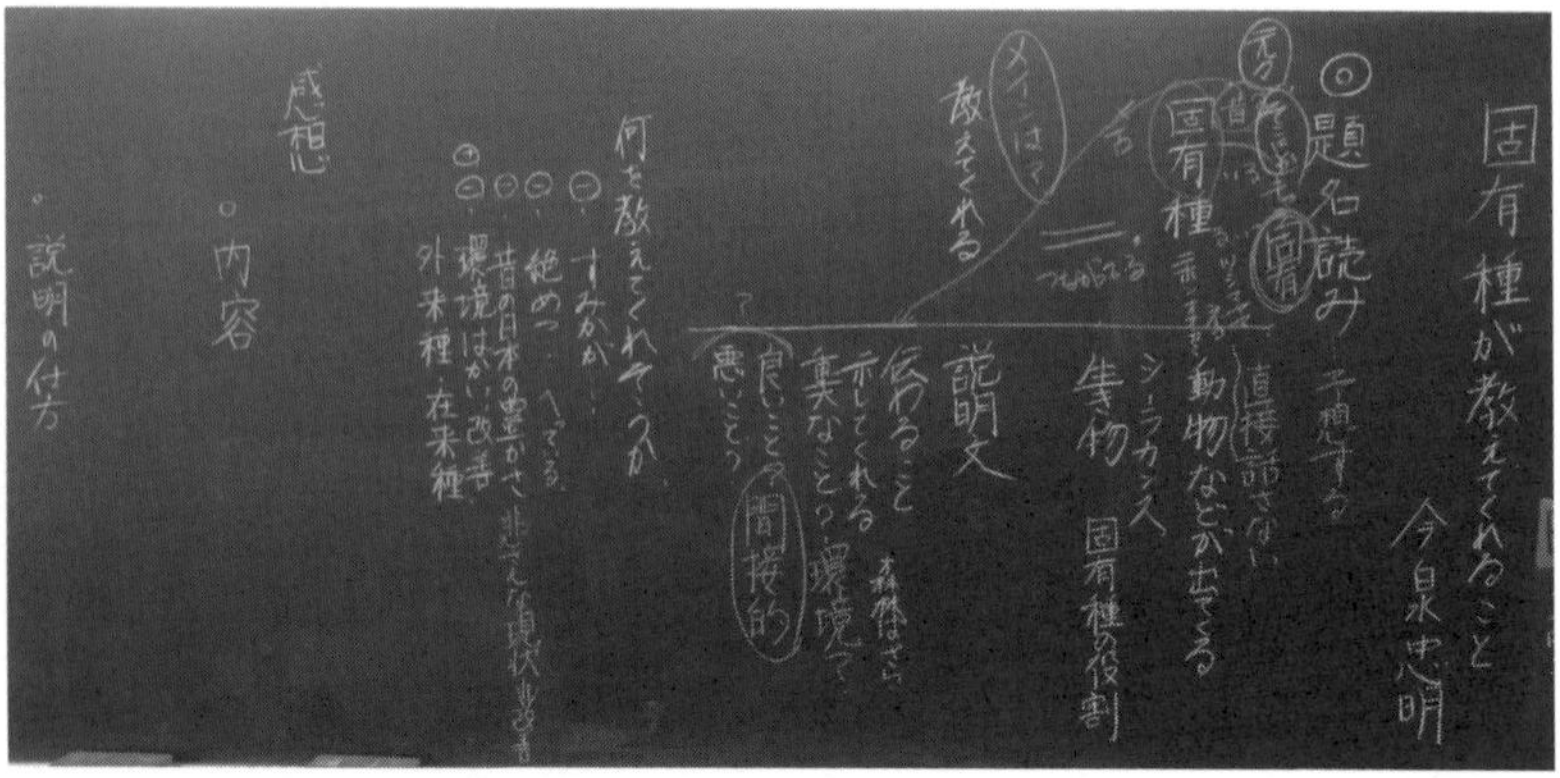

○第一時　単元の計画を立てる／題名読みをし、初めて読んだ感想を書き交流する

この単元は、図表と照らし合わせながら説明文を読み取る力を育て、それを基に図表を用いた説明文を書く活動を行う、読むことと書くことの複合単元です。

第一時では、単元全体の学習を見通し、どのような力をつけていくかを明確にしておきます。即ち、まずは図表を用いた説明文を読み取り、その上で図表を用いて説明文を書く、という流れを子ども達と共有しておくのです。そうすることで、子ども達はそのことを念頭に置いて毎時間の学習に臨むことができます。

その上で「固有種が教えてくれること」の学習に入っていきます。ここでは、題名読みから入っていくとよいでしょう。題名読みとは、初読をする前に題名だけ子ども達に示し、文章内容を題名から予想するというものです。憶測を話させるのではなく、題名にある言葉から丁寧に予想させることで、言葉を拠り所として考える力がつきます。図表を伴った説明文の学習では、どうしても図表の効果に教師と子ども達の意識が偏りがちです。ですが、あくまでも説明文の授業は国語の授業であり、言葉の力を培うも

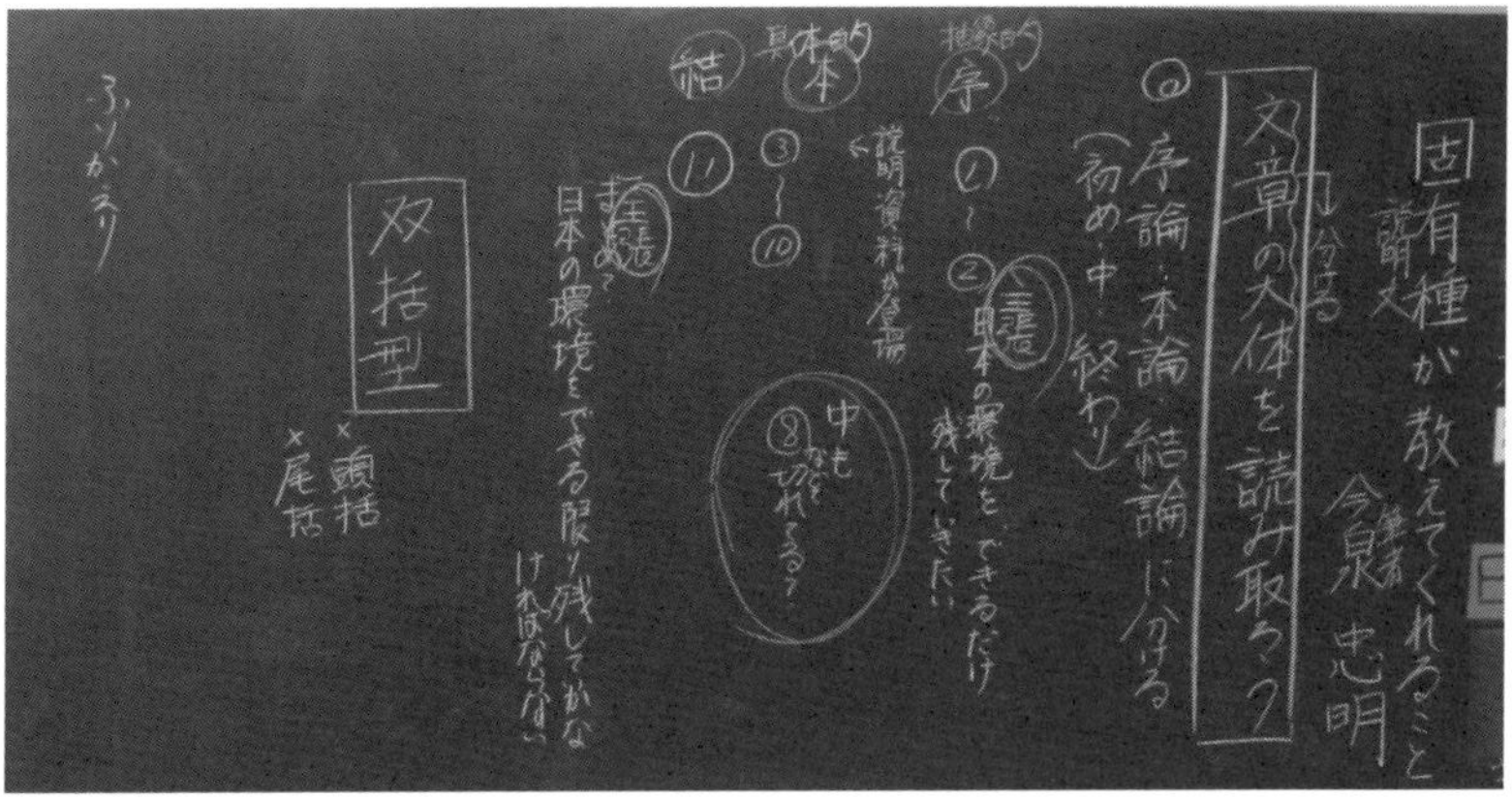

のです。題名読みを通して、子ども達が今一度言葉を通して考えることを意識していけるようにしましょう。

前ページの板書のように、子ども達は実に様々な意見を出します。ここでは、「固有種という言葉の意味」をみんなで考えたり、「どんなことを教えてくれそうか」ということを予想したりするとよいでしょう。これだけでも十分読みの構えができ、初読だけでもかなり内容をつかめます。初読を終えたら、簡単に感想を書き、音読練習をしましょう。この単元でも音読テストを市販テストと抱き合わせで行います。

○第二時　文章の構成と主張を捉え、文章の大体をつかむ

この時間は、既習を使いながら文章の大体を押さえます。文章の大体は、文章の構成及び筆者の主張です。説明文の骨格と言えます。文章の大体をつかむにはどうすればいいかな、と子ども達に尋ねると、前単元の学習を覚えている子たちは、「分けてみる！」と口にします。そこで、序論・本論・結論に分けたり、何型かを考えさせたりしていけば、文章の大体をつかめていくでしょう。

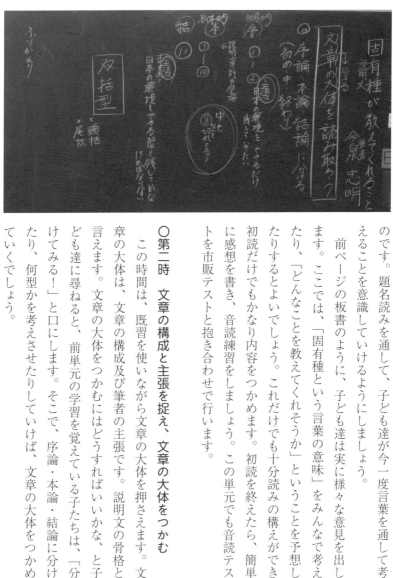

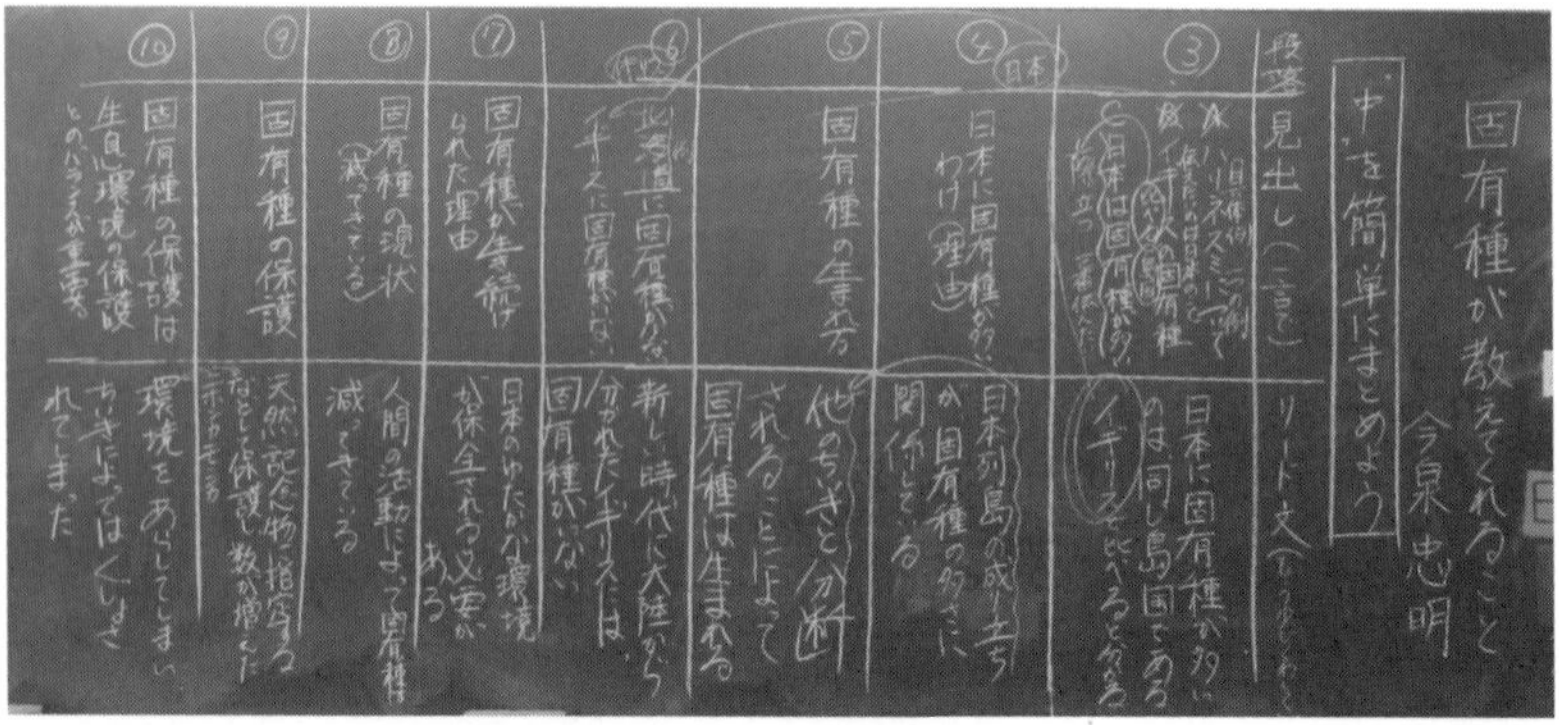

○第三時　本論の内容を押さえる

文章の大体をつかめたら、今度は本論を詳しく読んでいきます。これも前単元と同様です。子ども達に尋ねながら、一緒に学習を進め、つくっていきましょう。

ここでは、表を用いました。表を用いる学習は低学年から行いますが、少しずつレベルアップしていきましょう。「見出し」と「リード文」をつけさせることを課しました。そうすることで、段落の要点と概要をつかみ表現させることをねらっています。一つクラス全体で行って見本を見せると、あとは自分で進めていけるでしょう。

また、これだけだと字面をつかんで終わりということもあり得るので、文章に自分の思ったことや関連する知識・経験を書き込んでいく活動も同時に行うことで「具体化」も図り、深い内容理解を促進しました。「見つめて見つめて書きまくれ！」の派生版で、自分が考えたことを文章にとにかく書き込んでいくというものです。今まで「具体化」をしてきた子ども達は、どんな風に読むと内容を深く理解できるかが少しずつ分かってきており、熱心に書き込みをします。その内容も深くなっています。例えば、「日本には、固有種がたくさん生息するゆたかな環境があります。」という本文の横に

「たしかに、北海道は寒いし、沖縄はあたたかいからなぁ」と鉛筆で書き込み、社会科で学習したように日本には温度の違う様々な地域があることを本文と結びつけて考えていました。こういう書き込みを教師が見つけ、価値づけ、クラスに広げる、という地道な活動を繰り返すことで、子ども達は確かな「具体化」をしていくようになります。

〇第四時　資料なしの本文を読むことで資料の効果について考える

四時では、資料の効果について考えます。言わずもがな、資料は読者の理解を助けるためにつけられています。ですが、元々資料ありの文章を読んでいた子ども達には、すっかりその「ありがたみ」が薄れています。こういう便利なものはなくなってみて初めてその価値に気づかされるものです。ですから、思いきってここは資料なしで読ませることにしました。学習の流れとしては、本時のめあてを「資料の効果について考える」とした上で、資料を抜いた本文を配り、読ませます。その上で感じたことを言わせていくと、資料がないと具体的に分からないことを全員が口にします。既に3時間学習してきている教材文なのにもかかわらず分かりにくいというのです。

こうして、資料の有難さを再確認した後、次のような課題を子ども達に出します。

課題

①どの資料が本文のどこに入るか（資料の数や大きさを理由にしてはいけません）→スピーカーノートに記入する

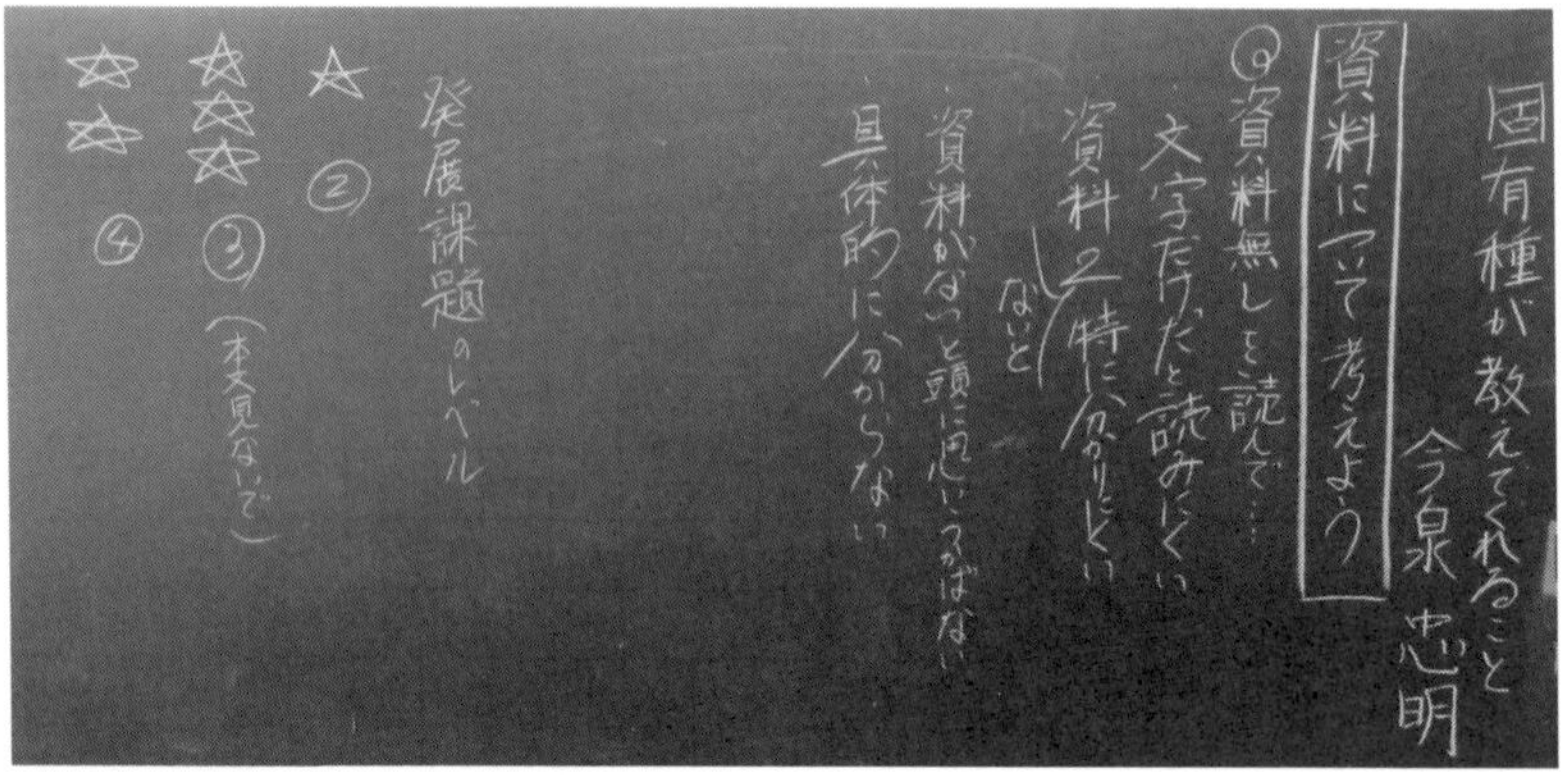

②資料Gの黒く塗りつぶされている数字はいくつだったか
③資料D・Eの黒く塗りつぶされているところは、どのようになっていると考えられるか

課題の内容は、どの資料がどこに入るかを考え説明するものが主です。文章内容と資料とを照らし合わせるためです。さらに、それができた子への発展課題も用意しておきました。資料の一部を隠しておき、資料がどのようになっていたか、文章内容と照らし合わせて思い出すというものです。これが子ども達に大ハマり。

何度も見てきた資料にもかかわらず「どんなだったかなー！」と、楽しそうに頭を悩ませていました。

課題は、端末で送り、子ども達には資料なしの本文を配付して、そこから考えさせました。どの資料がどこに入るかを説明したり、資料の黒塗りの箇所がどうなっているかを説明したりするのは、子ども達の端末に配付したスライドのスピーカーノートに書かせ、提出させました。前ページの写真のように、前に出てきて、みんなの前で説明させることもしていき、図表と文章との結びつきについてとことん考え、説明した一時間でした。授業の終末には、資料のある説明文を読むときや書くときに気をつけることを自由に書かせました。

○第五時　筆者の主張や述べ方について考えをまとめる

この時間には、筆者の主張や述べ方についてまとめ、一旦読むことの学習に区切りをつけます。次時以降の、資料を用いて文章を書くことにつなげるため、次ページのように、筆者の主張だけでなく筆者の述べ方、特に資料を用いて文章を書いていることについての自分の考えもまとめさせておきましょう。

○第六～十時　「社会は暮らしやすい方に向かっているのか」というテーマのもと、資料を用いながら自分の考えを述べる文章を書く

ここからは、資料を用いて自分の考えを主張する文章を書いていきます。まずテーマを提示し、自分の考えを仮決定させます。その後資料を調べさせていきます。この調べる途中に自分の考えを変え

主張について
　私は，確かに，この日本の環境を守っていかないといけないなと思いました。理由は，140～142ページあたりに書いてあるとおり，固有種などは，私達よりも前から生きていているものなどもいます。だから，そんな先輩の動物たちを人間の都合で絶滅に近づけたり，絶滅させるのはおかしいと思ったからです。また，人間がちゃんと増やして，でも人間のせいで生息場所がへって，植林地に現れて迷惑だから，駆除してしまうというのも勝手すぎると思いました。また，144ページにあるように，当たり前だけれど，絶滅してしまった動物にはもう二度と会えないため，保護していかないといけないと思いました。

図表の効果について
　私は，図や表の使い方などが良いなと思いました。理由は，図や表がないものを読んでみて，資料５などは話にあまり関係ないし，なんとなく想像できるから，なくてもあまり影響しなかったけれど，資料２の日本列島の成り立ちなどは，なんとなくはわかるけれど，その程度だし，想像がしづらいため，とても影響しました。また，アマミノクロウサギや，ただの例に過ぎないイギリスなどは混ぜていなくて良いと思いました。

論の進め方について
　私は，読者に分かりやすく進める進め方が良いと思いました。例えば，138ページ４，５行目に『このような，特定の国やちいきにしかいない動植物のことを「固有種」といいます』とあり，固有種のことがわからない人でも読めるように説明していたことです。他にも，丁寧にニホンカモシカが減少して，増加してという経緯を説明していて，なんとなくでもいいところをとてもわかりやすくしていることです。話がよくわからない人でも読めるように工夫していていいと思いました。

るのもよしとします。そして、これまで学習したように、読者にとって特に理解が難しいところに関して資料を用いながら説明する文章を書かせていきます。適宜、教師がコメントを入れながら書かせるようにしましょう。

○第十一時　書いた文章を読み合い、感想を伝え合う

最後に、書いた文章を読み合い、子ども同士でコメントし合います。「固有種が教えてくれること」で学習したように、資料の用い方が適切だったか、論の進め方が分かりやすかったか、という観点でコメントさせるとよいでしょう。(紙幅の都合上、ここでの子どもの作品は割愛します。)

③「想像力のスイッチを入れよう」の指導

○単元の流れ　( )内は主な発問

①題名読みをする。全文を読み文章の大体をつかむ。
②事例は三つも必要なのか話し合う。
③想像力のスイッチとは何なのかを中心に本論を読む。
④想像力のスイッチについて理解を深め、想像力のスイッチクイズをつくって出し合う。
⑤⑥筆者の主張に対して自分の考えを持ち、文章にまとめ読み合う。

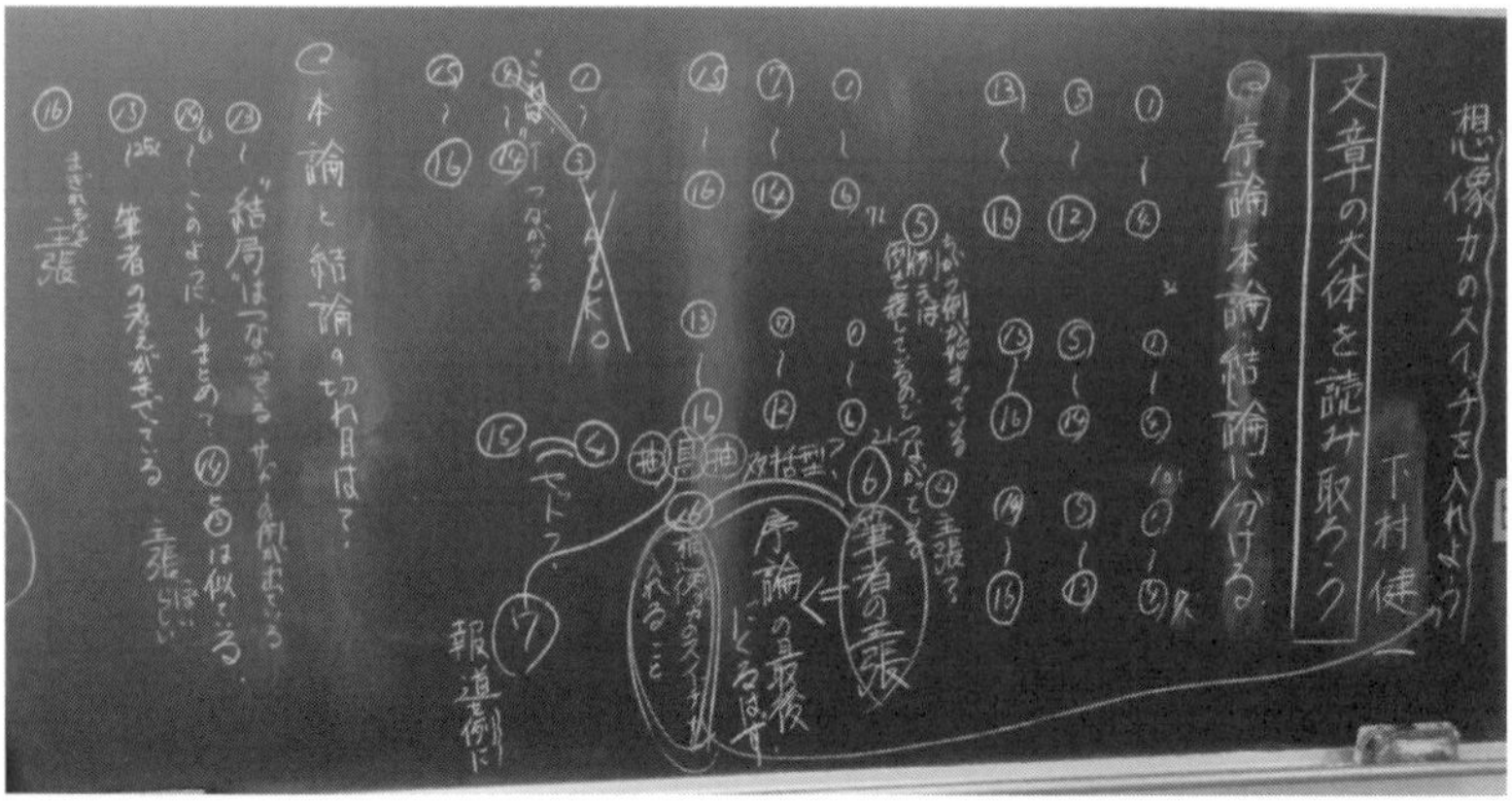

○単元のねらい

・文章を読んでまとめた意見や感想を共有し、自分の考えを広げることができる。
・事実と感想、意見などとの関係を叙述を基に押さえ、文章全体の構成を捉えて要旨を把握することができる。
・文章を読んで理解したことに基づいて、自分の考えをまとめることができる。

○第一時　題名読みをする／全文を読み文章の大体をつかむ

ここでも題名読みから入ります。これまで学習した説明文での題名読みと関連づけて考えていけるとよいです。即ち、題名にある言葉一つ一つに意味があり、その意味を予想するということです。また、「この題名読みはこれからどんなときに使えそうかな？」と尋ね、「図書館や本屋さんで本を選ぶときに使える」ということを子ども達に気づかせておくと、題名読みの大切さをより理解でき、意欲的に考えることができるでしょう。

題名読みの後は、初めて読んだ感想を簡単に書かせましょう。

ここで、事例についてなぜ三つも出しているのか、というもの

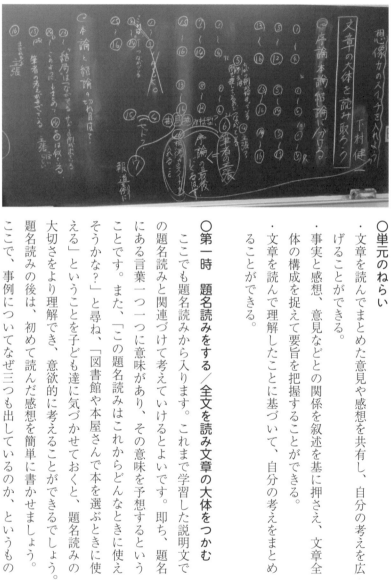

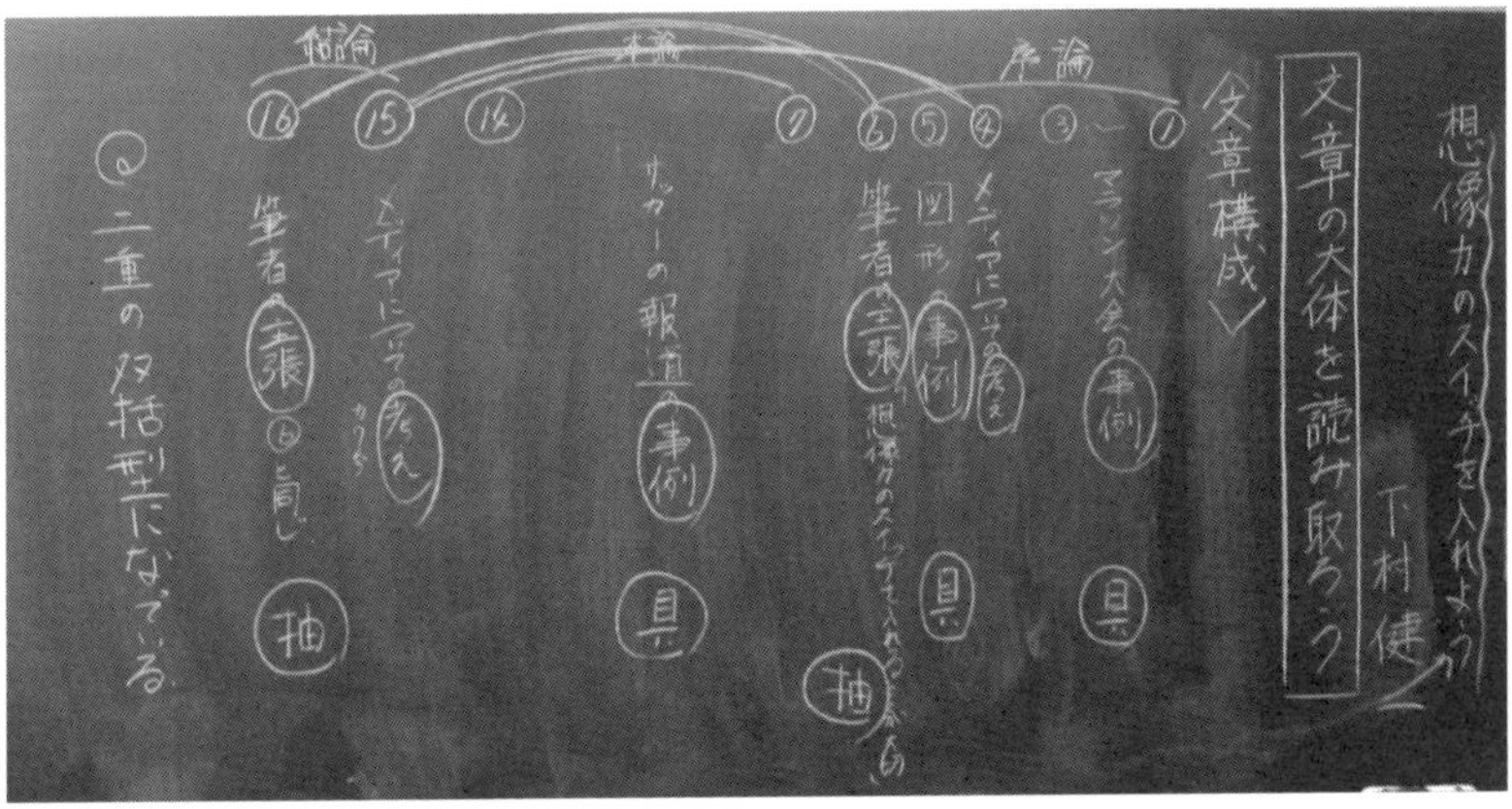

が出てきました。

その後、これまでと同じように、既習事項を使って文章の大体を押さえておきます。子ども達もこの時期にはだいぶ慣れてきており、スムーズに確認していけるでしょう。文章の具体と抽象とを読み分け、16段落に対応するのが6段落であり、4・5段落が15段落に対応している、二重の双括型であることを確認できるとよいでしょう。ここまでを一時間で終えたいところです。

○第二時　事例は三つも必要なのか話し合う

二時には、前時に出た「事例は三つも必要なのか」ということについて話し合いました。子ども達からするとメインの事例である三つめの事例、サッカーの事例だけで十分伝わるのではないかというのです。このことを考えておくことで、情報を発信する側の問題と受信する側の問題の両面を視野に入れて論を進めていることに気づけます。つまり、三つめの本格的な事例に入り、想像力のスイッチについて具体的に説明していく前に、メディアの概念及びメディアは事実のすべてを伝えることはで

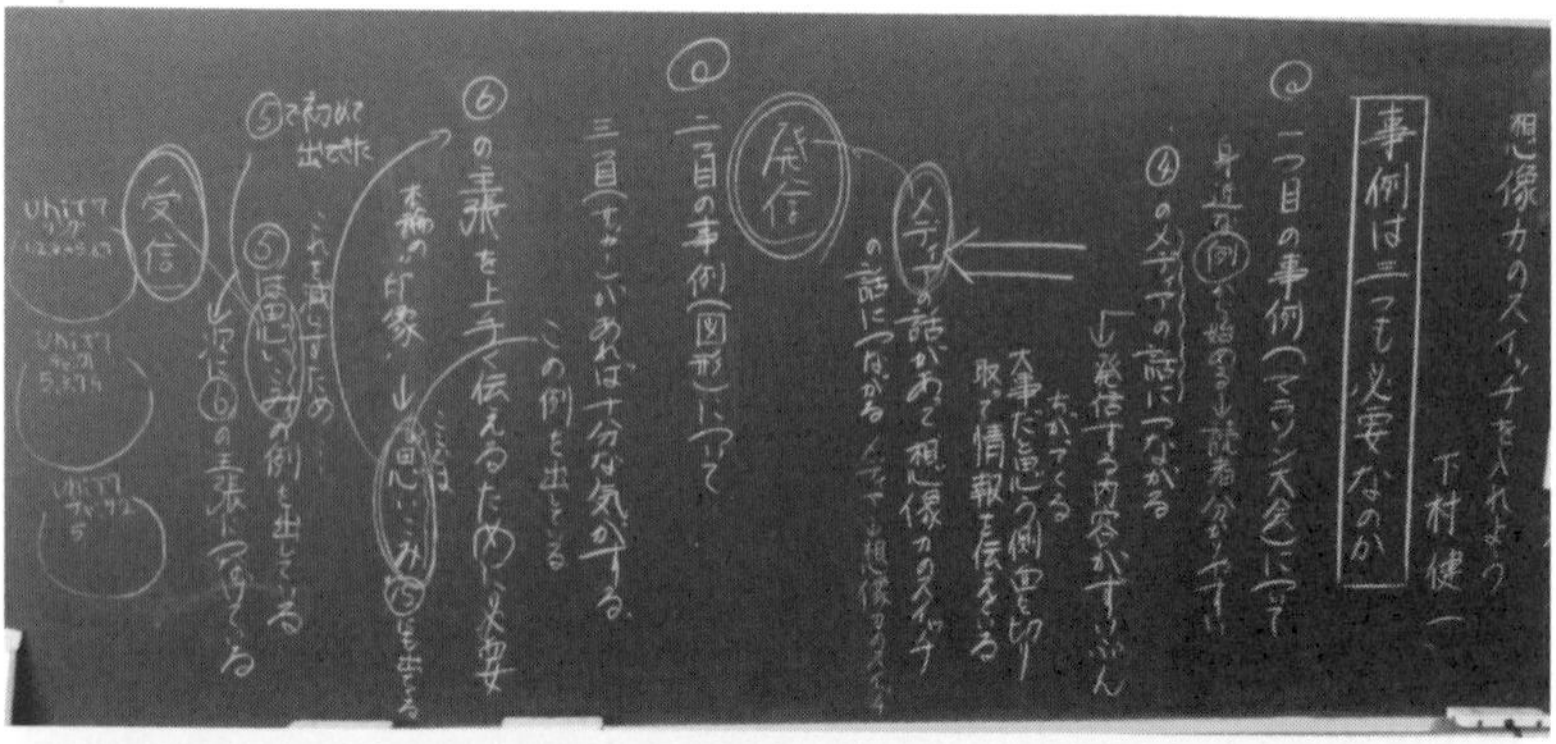

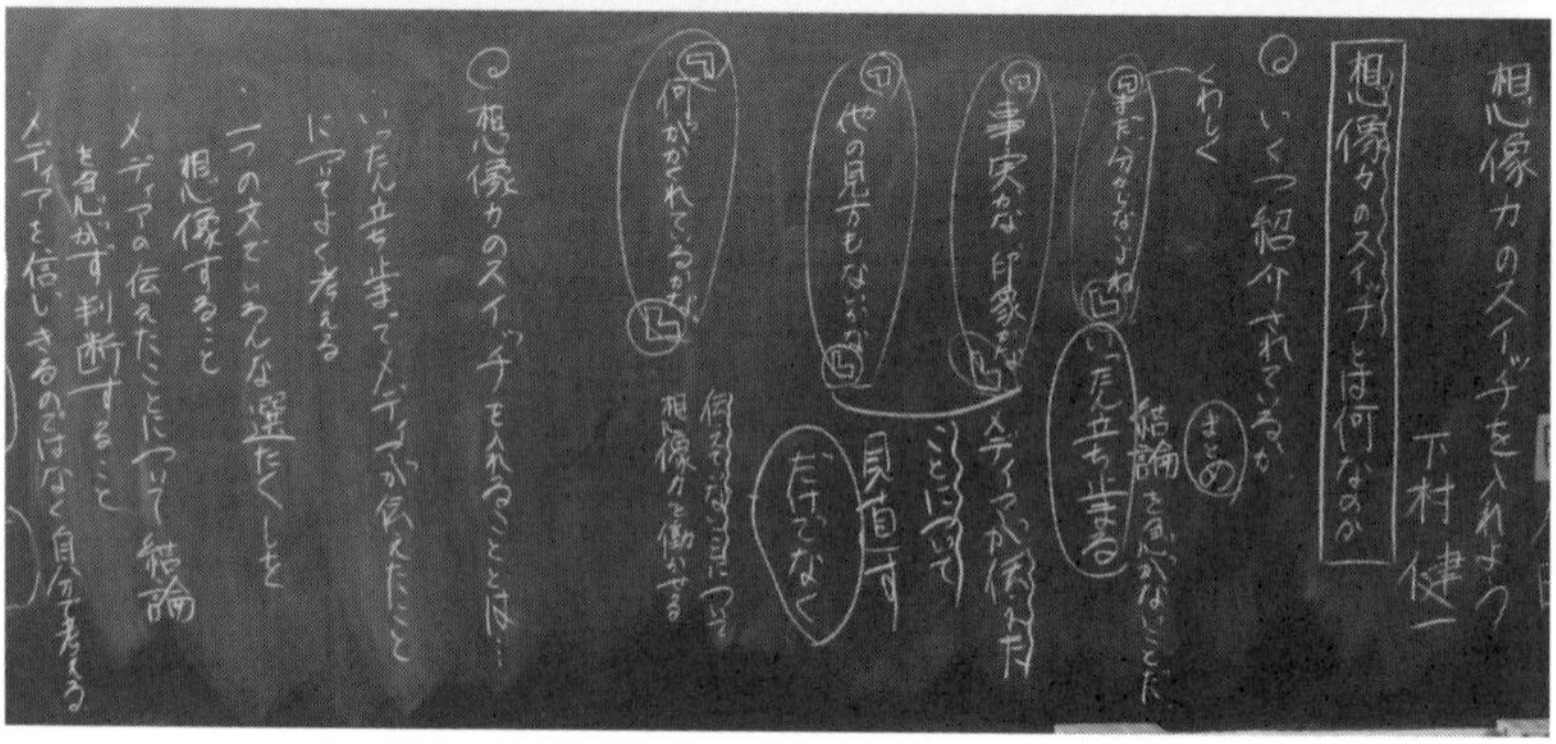

きないこと、だからこそメディアの情報を受け取る側は思い込みをしてしまうことがあること、の二点を読者に理解させ、その後の本論を理解するための土台づくりをしているということに気づいていくのです。そして、子ども達の意識は次に本論へと向いていきます。

○第三時　想像力のスイッチとは何なのかを中心に本論を読む

前時で序論での事例の役割について確かめた後、三時では想像力のスイッチとは何なのかを中心に本論を読んでいきましょう。それが、結局は本論の理解につながるからです。二重鍵かっこの中に、子ども達が分かりやすい言葉で想

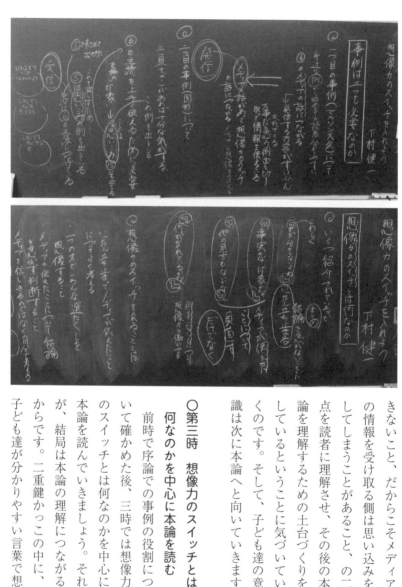

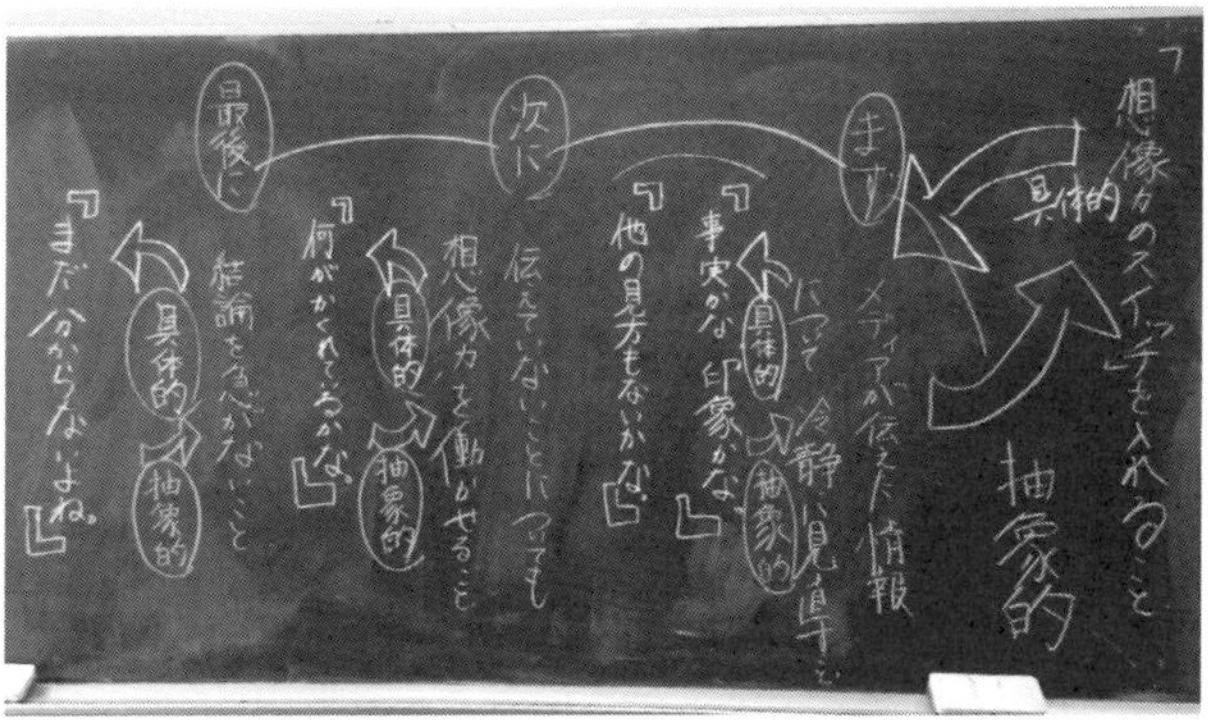

像力のスイッチが具体的に示されていることを確かめながら、四つのスイッチの内容を確かめていきましょう。具体と抽象を行き来できるよう、上のような板書で整理してもよいでしょう。子ども達の実態に合わせて前ページ中段の板書と使い分けたり組み合わせたりしてみてください。この時間は、とにかく想像力のスイッチについて子ども達の頭の中をスッキリさせることが重要です。その上で、前ページ中段の板書左側のように、自分の言葉で想像力のスイッチとは何かを表現させましょう。

○第四時　想像力のスイッチについて理解を深め、想像力のスイッチクイズをつくって出し合う

想像力のスイッチについても「具体化」させていきたいと思います。「具体化」させるために、まずは自分に引き寄せて考えさせました。「想像力のスイッチが四つ紹介されていたけれど、自分が普段一番使えているものはどれかな。逆に一番使えていないものはどれかな。」と発問し考えさせました。自分のこれまでの生活に当てはめて考えさせ「具体化」を図るわけです。

その上で、想像力のスイッチを使ったクイズをつくらせました。どんな状況でどのスイッチを使えばいいか、具体的に考えさせ、クイズにさせました。子ども達に端末で次ページのような問題と解説

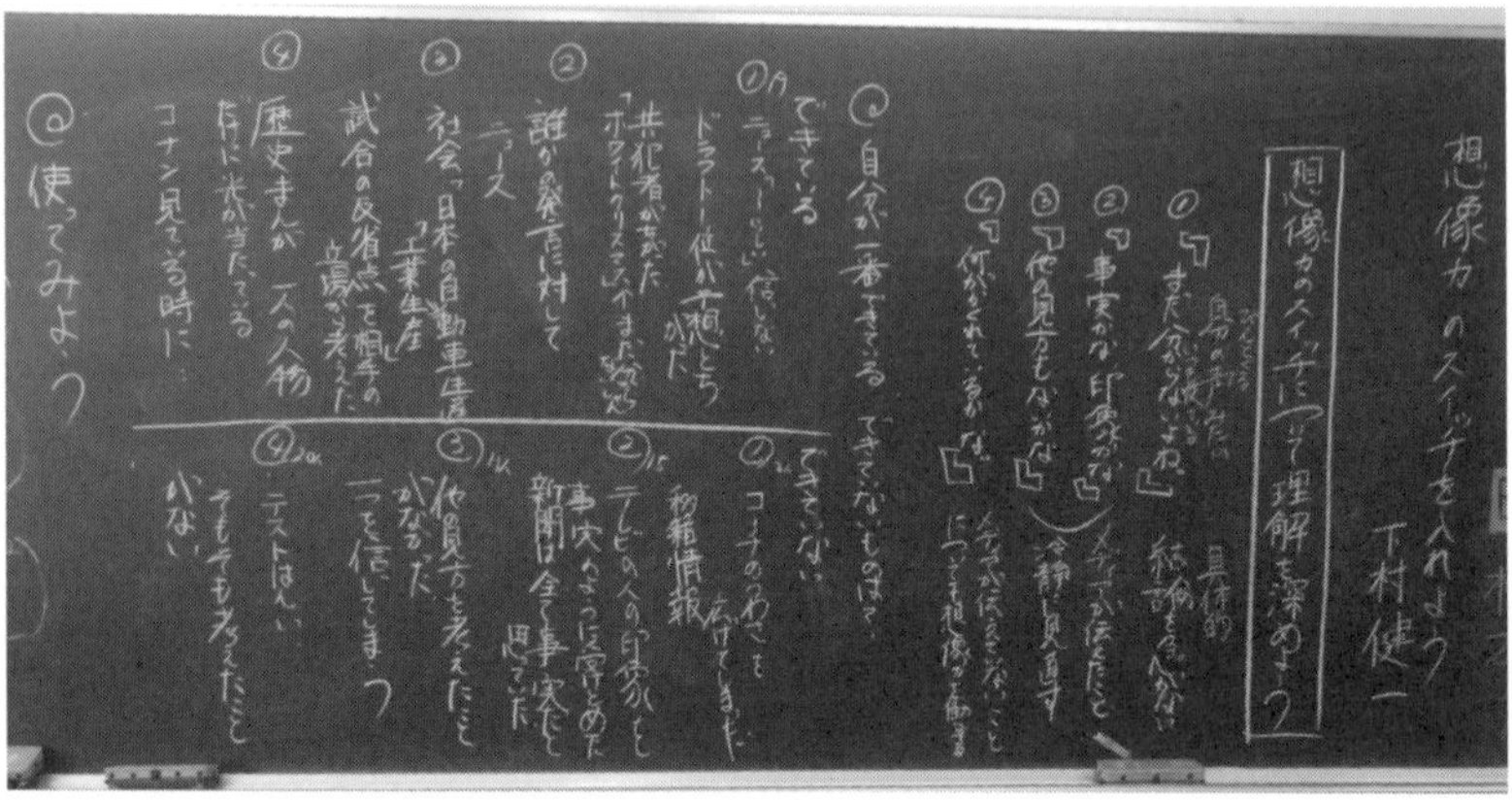

どのスイッチを入れると良さそうかな？

B小学校では、いじめの相談件数が昨年より約２倍に増えました。

解説

『他の見方もないかな。』
この文には、印象は混じっていませんが、いじめの相談件数が増えるのは、悪いこととも言い切れません。相談することができるようになったと捉えると、むしろ良いことかもしれません。

『何がかくれているかな。』
もしかしたら、昨年度は積極的にいじめ相談を受け付けていなかったかもしれません。今年は、先生たちがいじめ相談に力を入れたから、相談件数が増えただけかもしれません。

をつくらせることで「具体化」を図りました。つくった問題は友達と出し合いました。子ども達は、振り返りに「想像力のスイッチについて分かったつもりだったけれど、事例を考えるのはこんなに大変なのだと分かりました。筆者はすごいと思いました。」と書いていました。「具体化」の難しさと重要性について改めて気づけたはずです。つくったクイズは教師の端末へ提出させ、評価します。

○第五・六時　筆者の主張に対して自分の考えを持ち、文章にまとめ読み合う

単元の最後は、筆者の主張に対する自分の考えを文章にまとめて読み合います。簡単に、筆者の意見に対する自分の考えをクラスで話し合わせてから書かせるとスムーズです。筆者の意

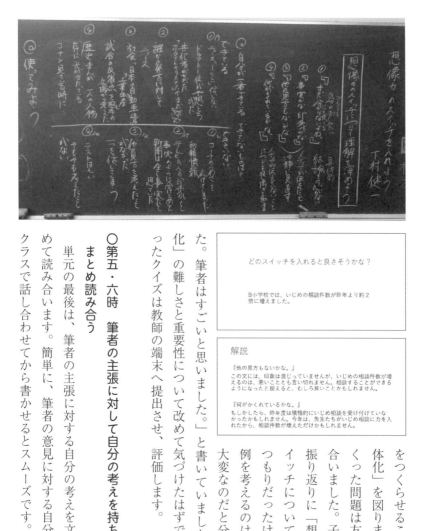

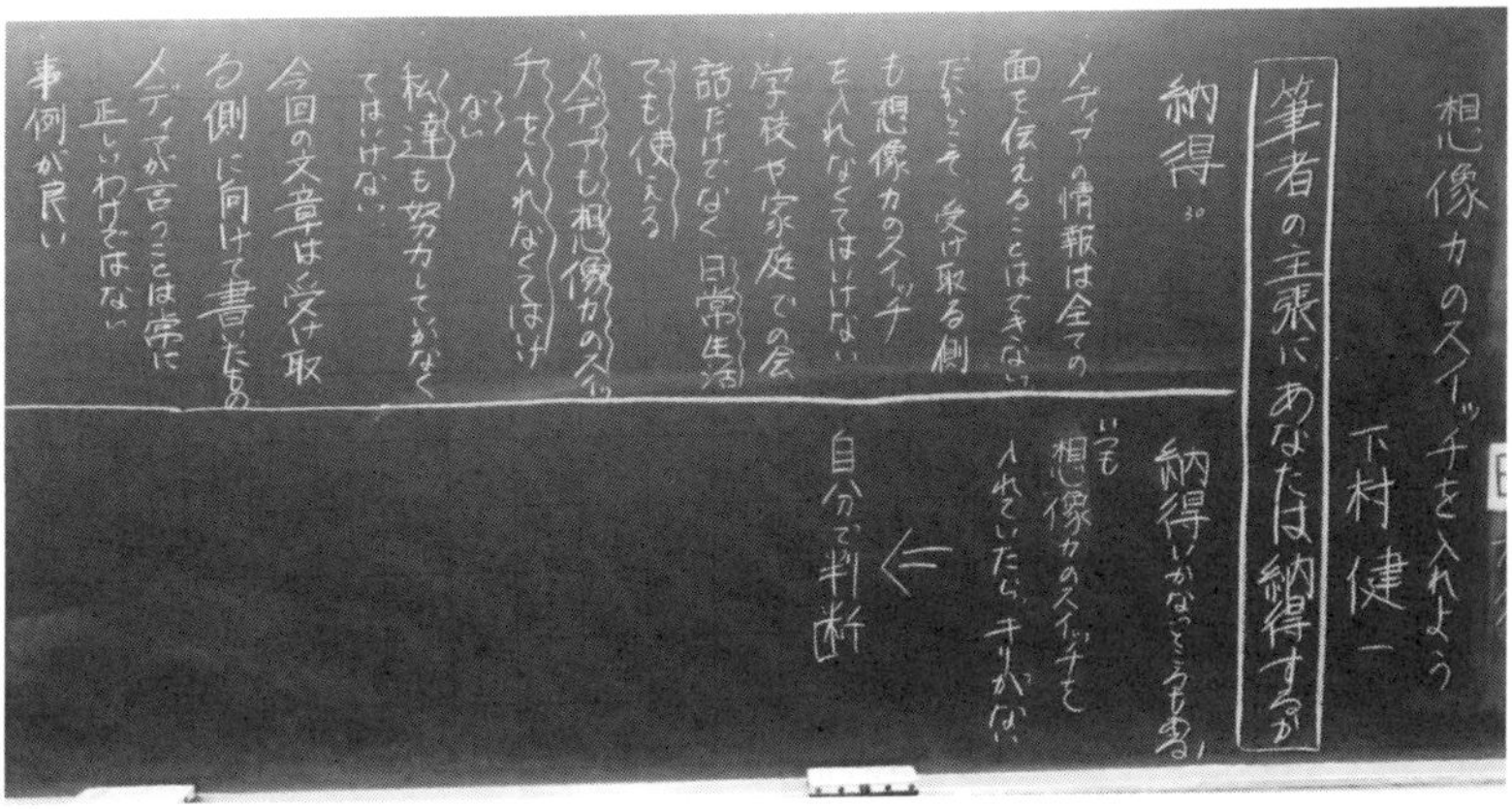

見に少し納得がいかないところがある、という友達の意見も踏まえて、自分なりの考えをつくれるからです。

メディアとの付き合い方について、自分の生活に引き寄せて具体的にどうするかまで考えられた文章になっていると、より文章内容を理解できた考えの形成ができていると捉えられます。

想像力のスイッチはメディアの話や報道が合ってるか疑わしいときに想像力のスイッチを入れたいと思います。例えば，情報局Ａは○○さんのバックが奪われ，犯人は少年だと思われます。と報道し，放送局Ｂは○○さんのバッグが奪われ犯人は50代の男性だと思われます。と報道していた場合，すぐに情報局Ａだけを信じるのではなくもしかしたら違うかもなどという感じで考え，想像力のスイッチを入れます。僕は△△さんの意見を聞かなかったらずっと想像力のスイッチを入れっぱなしで，なんでも一旦立ち止まって考えようと思い，事実か，印象かを考え，他の見方もないかと考え，そのメディアの報道の伝えられてない部分を考えるようになっていたと思います。しかし，△△さんの「自分の判断で想像力のスイッチを入れるか入れないか決める」という意見を聞いて僕は，想像力のスイッチは，メディアの話や報道が合っているか疑わしいときに一旦立ち止まって考えてみようと考え，事実か？印象か？他の見方もないか，このメディアで伝えられていない部分はないか？と考えたいと思いました。

4 伝記の指導──「やなせたかし──アンパンマンの勇気」の指導──

5年生では、伝記を読む学習にも取り組みます。伝記の指導では、基本的には「出来事を整理する」→「それらの出来事がその人物に対してどのような意味があったかを考える」→「言動からその人物の考え方を読み取る」→「筆者の存在に気づかせる」→「子ども達自身がどのような人物だと感じたかをまとめる」という流れで指導するとよいでしょう。ただし、初めての伝記の学習なので、これらを直接的に問うても、かえって難しすぎて子ども達は「もっと伝記を読みたい！」とは思えなくなるでしょう。「出来事の意味は？」と問われても、読むのが苦手な子はお手上げです。そこで、発問を工夫し、先述の読みが自然とできるように仕掛けます。

即ち、「人物の人生に影響を与えた出来事三選をつくろう」→「人物の人生のキーワードを三つ挙げよう」→「多くの子たちがこれがキーワードだと捉えたのはなぜだろう」→「あなたが思うこの人物の一番すごいところは？」という発問の流れです。基本的には、この流れで読み取っていけば、初めての伝記でも、子ども達に無理させることなく読み取り、考えの形成ができると思います。

各発問の意図としては、まず「人物の人生に影響を与えた出来事三選をつくろう」は、「出来事の整理」及び「出来事の意義づけ」をねらっています。数ある出来事を「三選」と絞った形で理由と共に子ども達に表現させることで、自然と「あの出来事は重要だよなぁ、なぜかというと……」などと口にしながら、出来事の意義づけをしていきます。

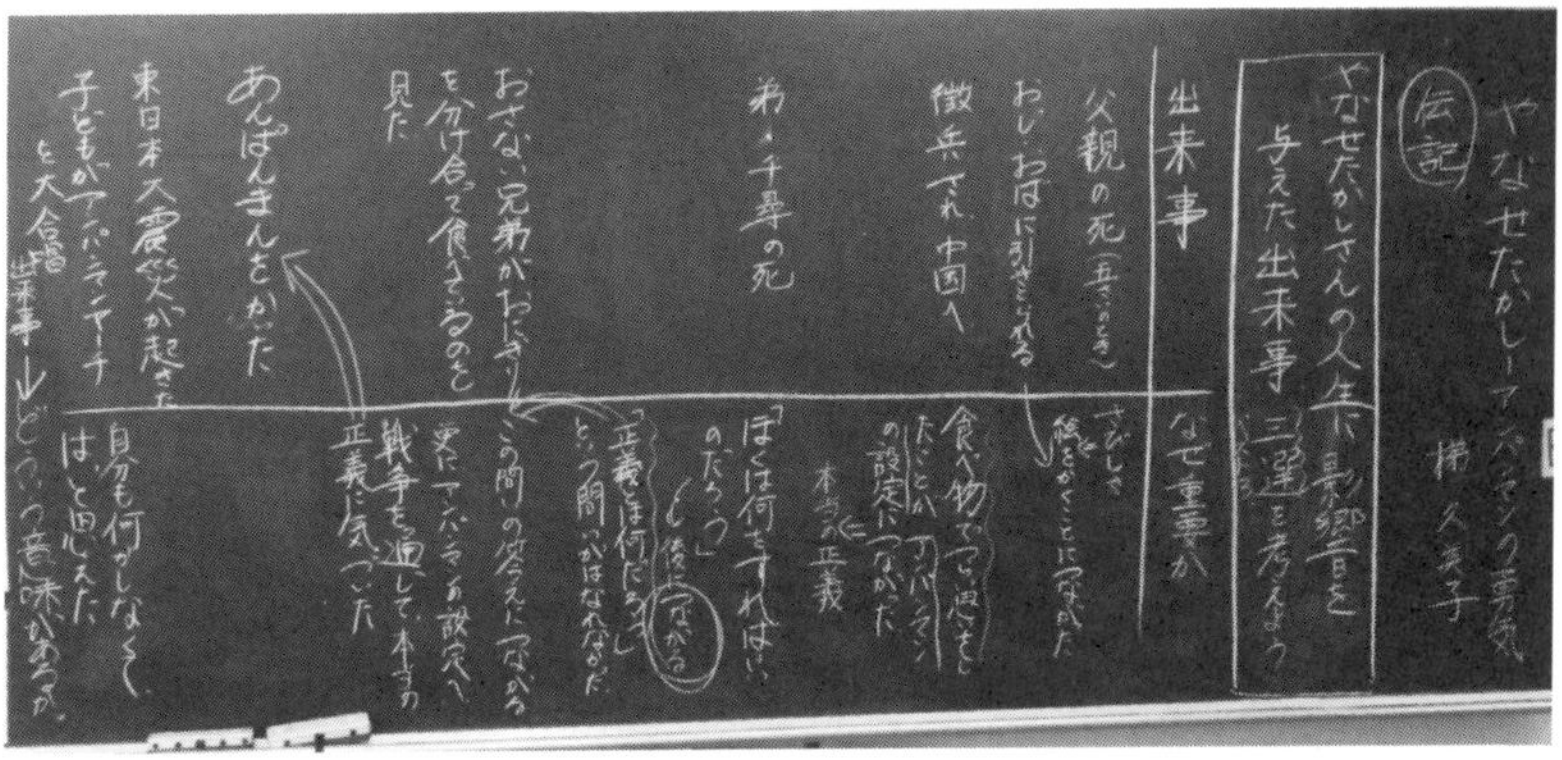
やなせたかし―アンパンマンの勇気
梯 久美子
伝記
やなせたかしさんの人生に影響を与えた出来事三つを考えよう
出来事
なぜ重要か
父親の死
おじ・おばに引きとられる
徴兵され中国へ
弟・千尋の死
あんぱんまんをかいた
東日本大震災が起きた
正義に気づいた

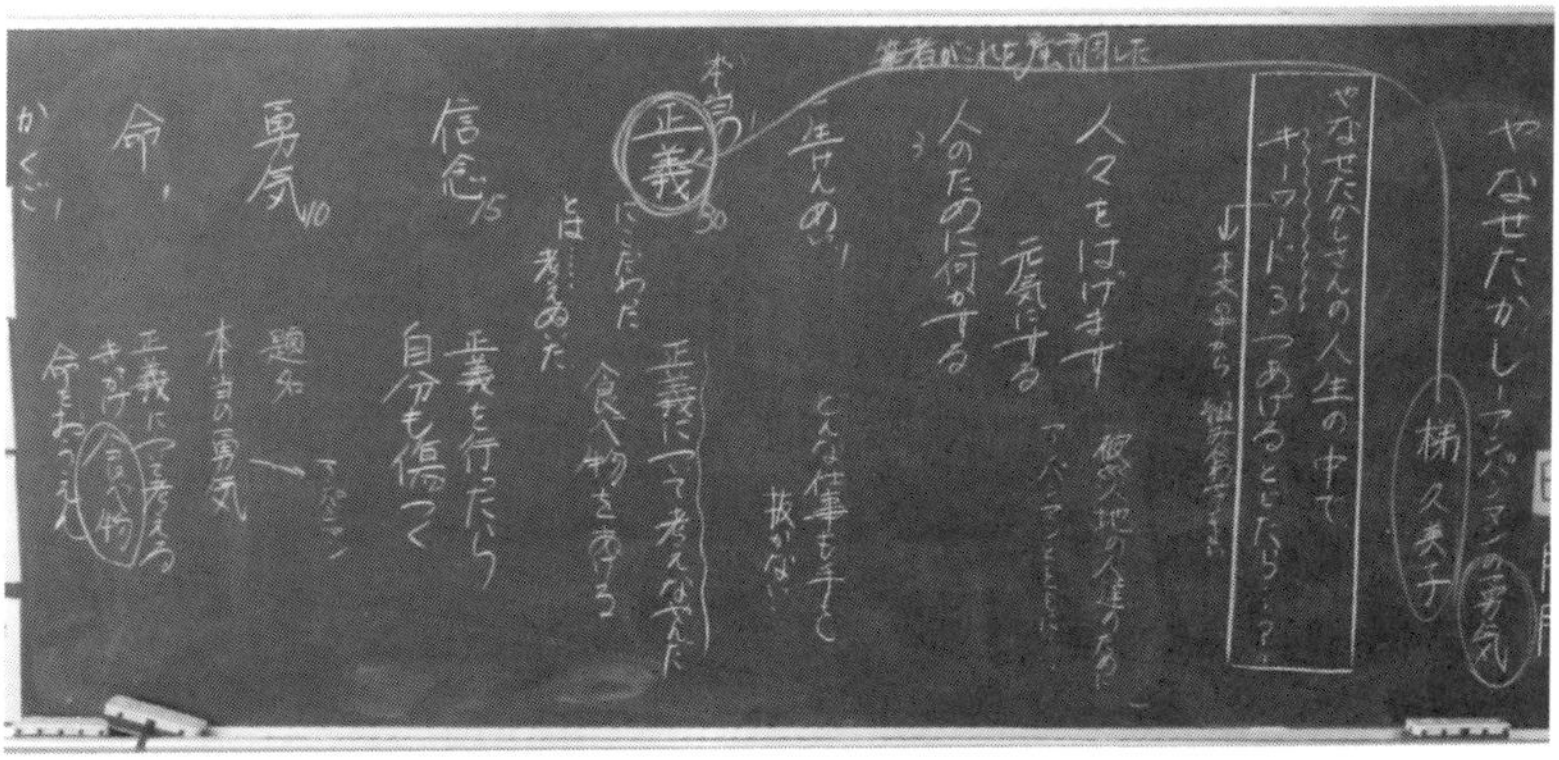
やなせたかし―アンパンマンの勇気
梯 久美子
人々をはげます
元気にする
人のために何かする
一生けんめい
正義
信念
勇気
命
かくご

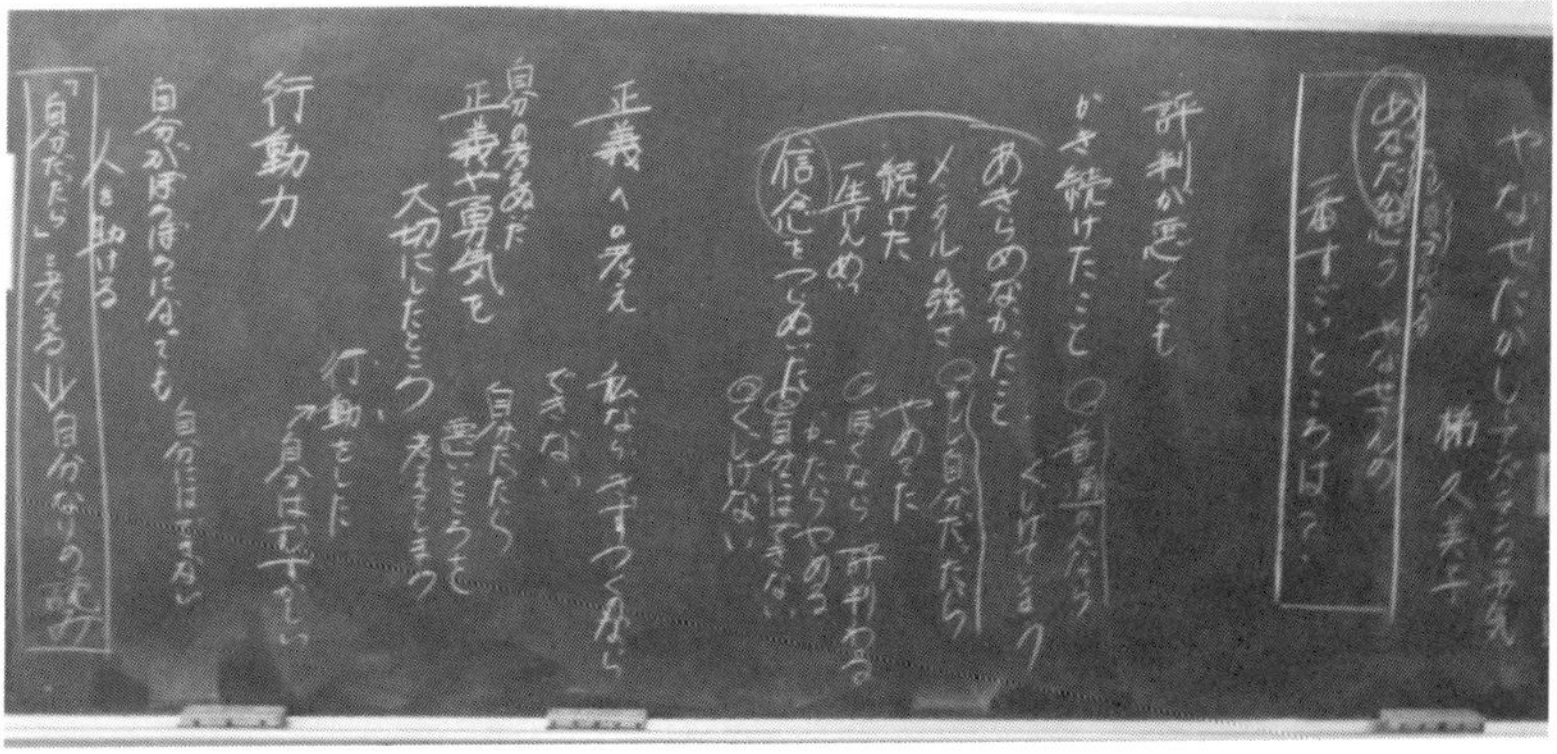
やなせたかし―アンパンマンの勇気
梯 久美子
評判が悪くても
かき続けたこと
あきらめなかったこと
メンタルの強さ
正義への考え
行動力

次に「人物の人生のキーワードを三つ挙げよう」→「多くの子たちがこれがキーワードだと捉えたのはなぜだろう」という発問のセットは、「人物の考え方を読み取る」ことと「筆者の存在に気づかせる」ことをねらっています。伝記では、人物の考え方や信条は本文に繰り返し出てくる言葉として表されていることが多いです。「努力」や「勇気」といった言葉です。それらを一つめの発問で見つけさせ、「多くの子がこれをキーワードにしていたのだけれど、どうしてだと思う？」と子ども達に考えさせ、「筆者がたくさんその言葉を本文に入れたんだ！　筆者がこの人物をそう捉えているんだ」と気づかせます。その上で、「実は、違う筆者が書いた同じ人物の伝記があるんだけれど、読んでみたい？　ひょっとしたら、「勇気」とは違うことがキーワードになっているかもよ？」と投げかけ授業を終えます。子ども達は、「読みたい！」と口にし、早速その次の休み時間に図書室に行き、違う筆者による伝記を読んでいました。そして、「先生、全然違うやなせたかしの一面が見えましたよ。」と、筆者によって人物の捉え方、取り上げ方が違うことを学び取り、伝記の面白さに気づいていました。

最後に「あなたが思うこの人物の一番すごいところは？」という発問は、これまでの学習を踏まえた上で「自分なりの人物の捉えを表現させる」ことをねらっています。「あなたが」という言葉を発問に入れることで、子ども達は自分に引き付けて再度伝記を読み、考えをつくります。「自分だったらここでくじけてしまうと思うけれど、たかしは……」などと、自分と関連づけて考えた意見が多数出てきます。伝記を読むことの意義は、筆者による捉えを読み取ることだけでなく、自分自身と関連づけていくことにもあります。そういうことをねらった発問です。

第4章

ことば［知識・技能］の指導

1 漢字指導

（1）漢字指導は「読み」から——漢字ドリル音読

↓資料編176ページへ

漢字指導は、「読み」から定着させていきましょう。読みを定着させるために有効なのが、漢字ドリルを高速で音読する活動「漢字ドリル音読」です。シリーズ既刊でもご紹介しました。何年生でも使える学習活動です。子ども達は熱中して取り組み、多くの子は暗唱してしまいます。

（2）漢字ドリルの進め方

漢字ドリル音読で読みを徹底しつつ、並行して漢字ドリルの書きの練習も進めていきます。

私は、漢字ドリルを、「○月○日までに一冊すべて合格すること」と期限を設けた上で子ども達のペースで、つまり自由進度で進めさせています。やる気のある子はどんどん先に進めていいということです。子ども達にこのことを伝えると、嬉々として休み時間まで取り組むこともあります。ただし、チェックを厳しく1ページごとに入れることが必要です。

〈漢字ドリルの進め方〉（新出漢字）

①音読三回。（読み、文例、熟語）

②書き順の声を出しながら、「大きな漢字」を指なぞり三回。(「指なぞり」)
③書き順の声を出しながら、「1、1、2、1、2、3……」と一画目に戻りながら「大きな漢字」を指なぞり三回。(「書き順練習指なぞり」)
④書き順の声を出しながら、空書き三回。(「空書き」)
⑤1ミリもはみ出さずに鉛筆でなぞる。(「鉛筆なぞり」)
⑥丁寧に鉛筆ですべてのマスを埋める。(「鉛筆書き」)
⑦1ページできたら、教師に見せ、チェックを受ける。

教師がチェックを入れるときは、厳しく入れます。いい加減にやっていたらすべてやり直しにします。(もちろん、個別の配慮が必要な子はいるのでその場合は別です。)書かれている字が丁寧であれば、そのページの中から、一つ問題を出し、空書きさせます。それが合格なら、初めてそのページは合格、ということになり、私がそのページにサインを入れます。

このようにドリルを進めさせ、全体には「○月○日までに一冊すべて合格すること」と期限を設けます。つまり、「○月○日」までの、期限の長い宿題、ということです。子ども達には、自分で計画を立て、学習ペースを調整することが求められ、自然と自己調整学習が成立していきます。5年生に「自分のペースで漢字ドリルを進めてどんな力がついたか」というアンケートを取ったところ、「自分を見つめる力がついた」「自分で計画を立てて、自分から取り組む力がついた」と、自己調整学習方略が身についたと答える子がほとんどでした。高学年であれば、「今日はこの字とこの字を練習してきなさい」と逐一指示するのではなく、自由進度の漢字ドリル学習をぜひ取り入れてみてください。

(3) 効果絶大！「漢字一周」

漢字ドリルが終わった子は、「漢字一周」に取り組みます。

やり方は簡単で、漢字ドリル一冊に入っている漢字を漢字ドリルに書かれている順に一つずつノートに書いてくるだけです。送り仮名も書かなくていいので、大体1ページから1ページ半くらいで終わります。ドリルをすべて合格した子から、毎日、「一日一周以上」取り組ませます。漢字をしっかり定着させるには反復は欠かせません。かといって、一文字を何回も書かせていると一周するころには何か月も経っており、最初の方に練習した漢字は忘れてしまいます。ですから、「一日一周以上」なのです。すでにドリルで学習した漢字ですから、それなりには書けると思いますが、この「漢字一周」にしっかり取り組めば、ほとんどの子は抜き打ちでもしっかり書けるようになります。一日に一回ですが、毎日触れることは効果絶大なのです。さらに、子ども達は、漢字ドリル音読で漢字ドリルを暗唱していますから、自分で諳んじながら漢字一周をノートに書くことさえできます。ドリル音読とコラボして効果を増大させるのです。

(4) 漢字テストや短時間学習活動を通して漢字運用力を育てる

↓資料編177ページへ

漢字は読めて書けるだけでなく、使えるようになってこそ本当の漢字力がついたと言えます。そのためには、とにかくたくさんの用例に触れ、語彙として獲得していくことが重要です。漢字テストや短時間学習を通して子ども達の語彙を増やし、運用力を高めましょう。

　漢字小テストのおススメのやり方を紹介します。漢字小テストには、全員が漢字ドリルを終えてから取り組みます。この方法は、空欄を埋めた子から、その周りに他用例を書き込んでいく、「他用例書き込み」という実践です。書き込んだ他用例は、一つにつき1点が追加点として与えられます。この方法を導入すると、漢字小テストの「上限」が100点ではなくなり、子ども達が漢字を書けるようになるだけで満足せず、使い方をたくさん知ろうとするようになります。すると、子ども達の小テストに向けた漢字練習も変化していきます。最初は同じ漢字を機械的に何度も書いていたのが、言葉をたくさん集め、語彙を増やそうとするのです。漢字の使い方をたくさん知っていることは、やがて漢字を使う力へとつながっていきます。本実践について詳しくは拙論（2021）をご覧ください。また、小テストだけでなく、50問テストもレベルアップしましょう。ここでも他用例を書き込ませていくのです。すると、今までは余裕で一番早く解き終えていた学習が得意な子が、一番遅くテストを終えることになります。この逆転現象がよいのです。クラスの漢字熱を高めるには、学習が得意な子を燃えさせることが重要です。

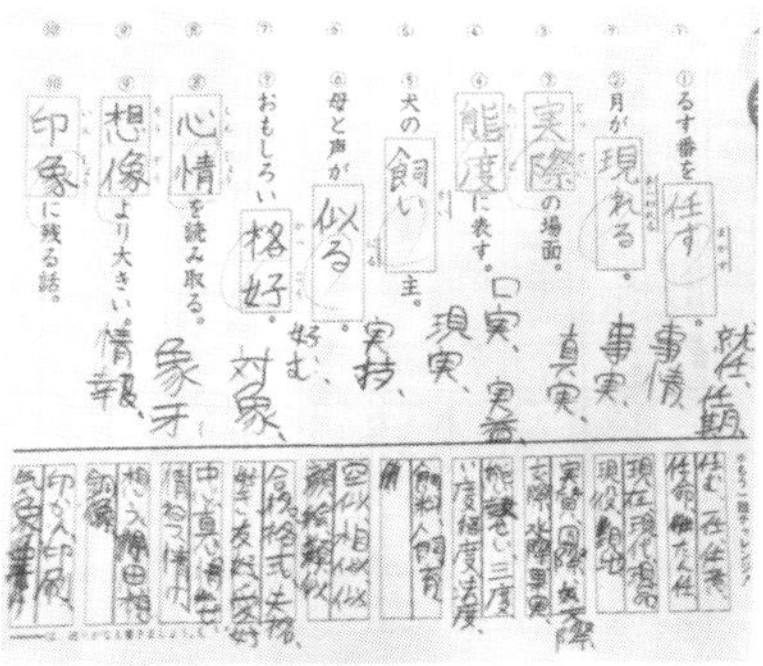

　テストだけでなく、日常的に行える短時間学習でも、子ども達の語彙を増やすことを意識しましょう。指定された漢字の入った熟語を一つずつ言っていき、言えなくなった方が負けという「熟語対決」（詳細は資料編を参照）は、サッと短時間で取り組めますが、非常に盛り上がり、子ども達の漢

字運用力向上への意識も高められます。

2 古文・漢文の指導

5年生では、古文や漢文といった古典を学習します。子ども達が興味を持てるような指導のポイントを二つ紹介します。

一つが、徹底的に音読し、暗唱させることです。高学年であっても、子ども達は暗唱が大好きです。「暗唱したら先生に聞かせに来て。」と伝えるだけです。教師の前で暗唱できたら、合格サインを書いてあげます。教科書に載っている文をすべて暗唱できたら、端末で好きな古文や漢文を調べて、それをまた暗唱するようにすれば、どんな子もずっと取り組むことができます。おススメのサイトは、「広島県教育委員会ホームページ」の「子供たちに声に出して読んで、覚えてほしい・書いてほしい作品集」（https://www.pref.hiroshima.lg.jp/site/kotoba/sakuhinsyuu.html：2023年10月7日確認）です。

いま一つが、出合わせ方を工夫することです。「昔の人も私たちと同じようなことを感じていたのだなぁ」と思わせると、古文や漢文が一気に身近なものに感じられ、抵抗感なく読むことができるようになっていきます。文が表すイメージを画像や動画等で見せることから入るとよいでしょう。例えば「枕草子」でしたら、「みんな、春の夜明けってきれいなの見たことある?」と言って、春の夜明けの画像を見せて、だんだん明るくなっていく様子を子ども達に見せます。そうすると、「あぁ私も見たことがある！　きれいなんだよねぇ。」と共感します。それから古文に出合わせれば、「昔の人も同じことを感じていたのだなぁ。」と感じます。子ども達と現代語訳を確認した後、「みんなもこういう場面を目にしたことがある？　この文のイメージに合う画像を端末で探してみようか。」と投げかけ、イメージに合う画像や動画を子ども達に探させるのもよいでしょう。

3 敬語の指導

↓資料編179ページへ

敬語については、普段から使わせるようにしていくことが重要です。その上で、教科書で取り立てて指導します。そして、定着を図るには、「敬語変換ゲーム」がおススメです。ゲーム感覚で取り組みながら正しい敬語表現が身につきます。活動の詳細は、資料編をご覧ください。

4 方言の指導

↓資料編180ページへ

方言はその地域に根づいた言葉です。言葉は、人々の生活と切っても切り離せないほど密接に関わるものです。その地域の人々が大切にしてきたこと、暮らし方、考え方などが方言に表れていると言えます。こういう背景を大切にしながら、指導していきましょう。とはいえ、教師がいくら「方言はすごいんだよ」なんて言っていても子ども達には伝わりません。子どもたちは「具体」で物事を理解しているのです。どんどん方言の「具体」に触れさせていくようにしましょう。そこで、方言クイズ（詳細は資料編を参照）をつくらせます。楽しみながら多くの方言に触れさせていきましょう。

資料編

ACTIVITY 一覧

先生の指示や友達の話、聞けたかな？

【活動内容】
教師が出した指示や友達の話を子どもが言う。

【手順】
1 教師が指示を出す。はじめのうちは、「三つ話します。一つめは～」などと、ナンバリングしながら分かりやすく伝えるようにする。また は、ある子に発言させる。
2 言い終わったら、「今先生が言った一つめを言える人？」や「今○○さんが言ったことを言える人？」と全体に尋ねる。
3 挙手している子を当て、言わせる。

【ポイント及び解説】
＊教師が指示したことを「言える人？」と尋ね再生させることで、「実質的な聞く力」を育てます。指示のたびに毎回行うわけにはいきませんが、いくつか話をして、それを確実に行動してもらいたいときなどには、指示の「確認」にもなるのでおススメです。
＊はじめのうちは、練習として「好きな食べ物」「好きなスポーツ」「好きな教科」などを取り立てて言わせ、再生させるとよいでしょう。この場合、子ども達は構えてしっかり聞いているので、ほとんど全員が手を挙げるはずです。
＊友達の話を再生させる場合も、はじめのうちは、練習として「好きな食べ物」「好きなスポーツ」「好きな教科」などを取り立てて言わせ、再生させるとよいでしょう。この場合、子ども達は構えてしっかり聞いているので、ほとんど全員が手を挙げるはずです。
＊しっかり聞いていたのに挙手しない子もいます。そういう場合、「しっかり聞いていた子は、言えるはずです。手が挙がらない子は聞いていなかったのかな。」と尋ねるなどして、「自分の口で言える」ということが話をしっかり聞いていたということなのだと分からせる指導を根気強くしていきます。

友達の言ったことに賛成？　反対？

［活動内容］
友達が言ったことに賛成か反対か挙手をする。

［手順］
1　一人の子どもに意見を発表させる。
2　「今〇〇さんの言ったことにあなたは賛成？　反対？　決まった人はピシッと座りましょう。」と全体に伝える。
3　「賛成の人？」「反対の人？」と聞いて挙手させる。

［ポイント及び解説］
＊これも、はじめのうちは、練習として取り立てて指導するとよいでしょう。例えば、ある子に「〇〇さんは、犬と猫どちらが好きですか。」「海と山どちらが好きですか。」などと尋ね答えてもらいます。その後、すかさず全体に「今、〇〇さんの言ったことにあなたは賛成ですか。反対ですか。決まった人はピシッと座りましょう。」と指示します。こうしたことを幾度か繰り返します。繰り返す中で子どもはスピーディに活動するようになっていきます。挙手しない子がゼロになることを目指して指導していきます。
＊教師は絶対に子どもが言ったことを再生して繰り返さず、すぐに「あなたは賛成？　反対？」と尋ねるのがポイントです。はじめは聞き逃して挙手できない子もいるかもしれませんが、グッとこらえて、再生せずに活動を繰り返していきましょう。必ず全員参加できるようになります。
＊慣れてきたら、賛成や反対の理由を簡単に言わせたり、授業中の話し合いでも取り入れたりします。

話・聞

きいて、きいて、きいてみよう〈常時活動編〉

【活動内容】

相手の話をふくらませたり、話を引き出したりする。

【手順】

1 話題を設定する。

2 ペアで話題に沿って話す。片方が聞く役、もう片方が主に話す役をする。

3 2分間経ったら役割を交代して再度対話を行う。

【ポイント及び解説】

＊体を向かい合わせて、目と目を見て話すようにします。

＊2分後、「2分間話が続いたところ?」や「相手が自分の聞きたいことを聞いてくれたという人?」などと尋ね、該当するペアに「気をつけたこと」などを話させクラスで共有します。

話・聞

ペアトーク：二人でどちらかに決めよう

【活動内容】

二択の問いに対して、二人で考えを出し合った後、二人の意見をどちらかに決める。

【手順】

1 教師がテーマを設定する。あるいは子どもから出させてもよい。（「遊びに行くなら海か山か」等）

2 二人で考えを出し合い、ペアの意見をどちらかに決める。

3 納得度を5段階で決める。

【ポイント及び解説】

＊二人で話をして、どちらかの意見に決めます。その後、自分がどれくらい納得しているかを5段階で表現させ、「お互いの納得度が高いペアが話し合いがうまいペア」だと伝えていきます。

話・聞

返事＋今日の一言

【活動内容】
はっきりとした声で返事をした後、一言発言する。

【手順】
1 今日の一言のお題を教師が決める。子どもから案を募ってもよい。
2 朝の会などで呼名し、返事をする場面で返事をしたら、お題に沿った一言を言う。
3 全員呼び終えたら、「誰の返事と一言が一番よかったか」を全体に聞く。

【ポイント及び解説】
＊（ほぼ）全員が、はっきりとした声で返事をすることができるようになったら、取り組みます。はじめは、お題に対して考える時間を少し取ってから行うとよいでしょう。とにかくハキハキした声で最後まで言いきらせていきます。

話・聞

つっかえたらダメ！　みんなからのお知らせ

【活動内容】
はっきりした声で素早く、短くお知らせを話す。

【手順】
1 声が小さかったり、「えーと」などを入れたり、話が長かったりしたら「アウト！」と先生に言われ、次の人に発言権を回すことを知る。
2 実際にやってみる。教師は厳しめに判定する。

【ポイント及び解説】
＊厳しめに判定しますが、明るく「アウト！」と言うなど楽しい雰囲気で行います。再チャレンジができることも重要です。子どもは「次こそ！」と粘り強く再挑戦したり、失敗しないように入念に準備したりするようになります。
＊ゆくゆくは、授業中の復習の問いなどのときにもこれを意識して発言できるようにしていきます。

書

見つめて見つめて書きまくれ！

［活動内容］

教室の中にある物をお題に、考えたことなどをノートに書きまくる。

［手順］

1　教師がお題を決める。（教室の中にあるセロハンテープ台など何でもよい。）

2　5分間ノートに考えたことや気づいたことを書き続ける。

3　5分後、書けた量や内容を共有する。

［ポイント及び解説］

＊書く量を伸ばすための活動です。お題の物は何でも大丈夫ですので、毎日無理なく続けることができます。続けるほど、子ども達の書く量も、質も高まっていきます。

書

日記紹介

［活動内容］

友達の日記の音読を聞き、感想やよかったところを言い合い、自分が書くときの参考にする。

［手順］

1　日記を返却する。

2　「読んで！」と書いてあった子に音読してもらう。（コピーを取って配付するとより効果的。）

3　一人読み終えたら、「よかったところが見つかった人？」と尋ね、挙手させる。

4　数名に「よかったところ」を言わせる。教師が選択した理由が子ども達から出されなければ、補足説明する。

［ポイント及び解説］

＊子ども達はこの時間を楽しみにしています。隙間時間などを活用して、どうにかこの時間をつくりだすことが最重要ポイントです。

書

ピッタリ！140字作文

［活動内容］

140字ピッタリの作文を書く。

［手順］

1　140字書けるマス目の紙を大量に用意する。

2　140字ピッタリでひとまとまりの文章を書く。テーマを与えても、自由テーマで取り組ませてもよい。時間内であれば何枚書いてもよい。

3　何人かに読んでもらう。

［ポイント及び解説］

＊子どもは原稿用紙を目の前にすると「書くことがない」と嘆くものです。しかし、140字しかなければ、案外ほとんどの子がスラスラ書けるものです。作文へのハードルを下げる活動です。必ず140字ピッタリで終わらなくてはいけない、とするのがポイントです。子どもは、言葉を精選するようになります。

書

この「技」使おう！140字作文〈発展編〉

［活動内容］

教師から指定された書き方を使って、140字ピッタリの作文を書く。

［手順］

1　140字書けるマス目の紙を大量に用意する。

2　書き方の技を指導する。（ナンバリング、ラベリング、会話文、心内語、オノマトペ、擬人法等）

3　140字ピッタリでひとまとまりの文章を書く。時間内であれば何枚書いてもよい。

4　何人かに読んでもらう。

［ポイント及び解説］

＊質を少しずつ高めていくための活動です。教師があらかじめ「技」を指導しておいたり、子どもの作文を読んで共有しておいたりしてから、それを意識的に使わせることで定着を図ります。

音読個別評価【音読テスト】

【活動内容】

教師が一人一人の音読を聞き、評価する。

【手順】

1　音読テストの基準を知る。基準は次の通り。

D：「ハキハキ、スラスラ、正しく」の三原則すべてが不合格。

C：三原則のうち一つが合格。

B：三原則のうち二つが合格。

A：三原則すべてが合格。

A○：三原則すべてが合格で、一つの項目は素晴らしい。

A✿：三原則すべてが合格で、二つの項目は素晴らしい。

S：三原則すべてが素晴らしい。

2　一人一人、教師が「はい、終わり。」と言うまで読む（一文ではなかなか実力は見えないので二、三文読ませる）。順番を決めておいてもよいし、立候補制にしても面白い。（立候補制にする場合は、全員が立候補するという確信があるときに限る。そうでないと、評価されない子が出てしまう。）

3　一人一人の音読に対して即時評価していく。

4　全員一度は必ず評価する。時間が余れば、立候補制で再チャレンジを募る。

【ポイント及び解説】

＊はじめにきちんと評価基準を示すことが重要です。

＊評価はとにかく厳しくすること。具体的にいうと、単元序盤や中盤で評価する際は、クラスのほとんどがDかCとなるくらい、2割ほどがB、1、2人がAという具合です。本当にしっかり声が出ていて、スラスラと流暢に、そして正しく読んでいなければいい評価は与えないことです。

＊市販テストと抱き合わせで行うとよいです。

読

どこまで聞こえるか読み

［活動内容］

子ども達に音読をさせながら、教師は教室を出て遠ざかり、教室に戻った後どこまで聞こえたかを伝える。

［手順］

1 読む個所を指定する。

2 教師が教室を出て遠ざかっていく。読み声が聞こえるところまで行く。

3 聞こえなくなったら教室に戻り、どこまで聞こえたかを伝える。

［ポイント及び解説］

＊しっかり声を出させたいときに行う活動です。ある程度一斉音読がそろうようになってきたら行いましょう。決して怒鳴らないことをしっかり伝えた上で行います。

読

題名・作者読み

［活動内容］

題名を高く、作者を低く読むことを練習する。

［手順］

1 何人か題名と作者を読ませてみる。

2 よかったところを褒めるが、足りなかったところがあることを伝え、題名は高く、作者は低く読むことを伝える。

3 それぞれ練習する。

4 何人か代表で読ませ、その変化を褒める。その後全員で何度か読む。

5 文についても同様で「高→低」で読むことを伝える。

［ポイント及び解説］

＊教師が実際にやって聞かせること、成長を自覚させることが重要です。

読

つっかえたらダメ読み【完璧読み】

【活動内容】

三原則を守った音読ができている場合は読み続け、つっかえたり間違えたり発音が不明瞭だったりしたら失格となり、次の人が代わりに読む。それをクラス一周回していく。

【手順】

1　いつもの○読みと同じ順番で回していくこと、つっかえたり間違えたりゴニョゴニョしていたりしたら失格となることを伝える。
2　実際に読む。判定は厳しくする。
3　一巡したら、クラス全体でどれくらい読み進めることができたかを黒板等に記録しておく。

【ポイント及び解説】

＊判定を厳しくすることです。甘くしては子ども達の音読熱は盛り上がりません。

ことば

漢字サバイバル

【活動内容】

出題された漢字を空書きできれば立ち続け、書けなかったら座る。

【手順】

1　教師が4年生で学習する漢字を出題する。
2　子ども達は大きな声で「1、2、……」と教師に向かって空書きする。書けなかったり間違えたりしたら座る。書けたら立ち続ける。
3　最後まで立ち続けた子が優勝。みんなで拍手。

【ポイント及び解説】

＊しっかり声を出して空書きすることが重要です。
＊一度失敗しても、次の問題で座りながら大きな声で空書きしたら復活するシステムにします。
＊ミスをごまかす子が多ければ、二人一組でペアをつくりチェックさせるとよいでしょう。

漢字ドリル音読

【活動内容】

漢字ドリルの新出漢字の部分を一冊丸ごと素早く音読する。

【手順】

1　教師の「はじめ」の声で一斉にスタートする。教師はモニターのストップウォッチを進める。

2　一冊読み終わったら元気よく「はい!」と手を挙げ、モニターのタイムを確認する。

3　記録表にタイムを記入し、「終わり」と言われるまで音読を続ける。

【ポイント及び解説】

＊読む個所は新出漢字の「読み」の部分です。音読みと訓読みの部分を、まだ書いていないページも含めて一冊丸ごと読みます。テストページは飛ばします。

＊必ずタイムを計りましょう。毎回タイムが上がっていくので達成感を得やすくなります。

＊合格タイムを設けましょう。それをクリアした子は、今度は熟語を読み上げることにレベルアップさせます。

ことば

熟語対決

【活動内容】

ペアで、指定された漢字を含む熟語などの用例を一つずつ交互に言っていき、言えなくなった方が負けというゲーム。

【手順】

1　教師から漢字を一文字指定される。（当該学年で学習したもの）

2　先攻後攻を決め、交代で熟語やその他の使い方を言っていく。

3　どちらかが言えなくなるまで繰り返す。言えなくなった方が負け。

【ポイント及び解説】

＊相手から意味の分からない熟語を言われた場合、「どういう意味？」と聞き返すようにします。答えられない場合、それはノーカウントとします。

ことば

具体化・抽象化ゲーム

【活動内容】

教師から指定された語を指示に従って抽象化・あるいは具体化する。

【手順】

1　教師が、「スポーツ（具体化）」「バナナ（抽象化）」など、言葉と指示を、番号を付けて黒板にたくさん書いておく。

2　子どもはそれらをノートに書く。

（例）「スポーツを具体化すると野球です。」

3　教師からOKをもらったら、黒板に書いてある、今引いた言葉のところにネームプレートを貼る。

【ポイント及び解説】

＊「具体化」「抽象化」という言葉が難しい場合は「詳しく」「まとめると」などで伝えます。

ことば

俳句・短歌クイズ

【活動内容】

小学生の作った俳句や短歌を穴埋めクイズにしてみんなで穴にどんな言葉が入るか考える。

【手順】

1 教師が小学生のつくった優秀な俳句や短歌を題材にクイズをつくる。

2 黒板などにクイズを提示し、みんなで考える。

【ポイント及び解説】

＊俳句や短歌における、言葉の選び方などについて、同じ小学生のつくったものから学ぶ活動です。「きれい」とか「楽しい」などという直接的な言葉を使わずに自分の表現したいイメージを表現していることを、豊富な具体例から感じ取らせます。

＊インターネット等で検索すると、題材は無数に出てきます。

ことば

今日の一句

【活動内容】

帰りの会で、即興で今日一日を表す一句をつくる。

【手順】

1 俳句の条件を確認する。

2 今日一日の出来事や気持ちを表す一句を考えさせる。

3 できた子から読ませる。

【ポイント及び解説】

＊俳句をより楽しませるための活動です。毎回俳句の条件を確認することで、それらの知識もより確かになっていきます。楽しみながら俳句をつくることで、語彙や表現力も高まっていきます。朝の会で「今日の決意」を俳句にさせたり、短歌をつくらせたりして、活動をアレンジしていくこともできます。

ことば

原因・結果クイズ

[活動内容]

結果となる事象を伝え、その結果を招くと思われる原因を答える。

[手順]

1 教師がつくったクイズを出題する。結果だけを伝え、子ども達はその原因を考える。結果と結びついていればすべて正解となる。

2 慣れてきたら、子どもが出題し、子どもが答える。この際、わざと不正解を言う子を何人か募っておき、出題者は次々と答える回答者に対して「正解!」とか「不正解!」と言わせていく。

[ポイント及び解説]

＊はじめは教師が出題し、慣れてきたら子どもに出させます。そして、わざと不正解を言わせる子を出題者に目をつむらせて決めます。

ことば

敬語変換ゲーム

[活動内容]

指定された言葉や文を、指定された敬語の種類に変換する。

[手順]

1 教師が、敬語表現に直す言葉や文を黒板に書く。

2 ノートに敬語表現に直して書く。

3 いくつか（3~5）書けたら教師に見せ、チェックを受ける。合格したらネームプレートを貼る。それを繰り返す。

[ポイント及び解説]

＊敬語の定着を図るゲームです。指定する言葉は、はじめは単語にし、慣れてきたら文にするとよいでしょう。

＊活動の流れは具体化・抽象化ゲームと同じです。

ことば

目指せ！古典暗誦マスター

［活動内容］

古典を何度も音読し、暗唱する。

［手順］

1　教科書に載っている古典を、教師の前でしっかりした声で暗唱する。

2　合格したらサインをもらう。

3　教科書に載っている古典をすべて合格したら、端末で好きな古典を探して暗唱する。

［ポイント及び解説］

＊古典に慣れ親しむための活動です。楽しみながら暗唱させるようにしましょう。

＊暗唱カードを作成し、子どもに渡しておくと達成感にもつながり、さらに意欲を引き出せるでしょう。教師の前で暗唱する際は、しっかり声を出して暗唱させ、厳しめにチェックするようにします。

ことば

方言クイズ大会

［活動内容］

方言クイズを作成し、出し合う。

［手順］

1　自分の好きな都道府県の方言を調べる。

2　「方言のクイズ」、「解説（方言の背景やなぜそのように言うのか等）」、「気づいたことや感想」を1セットとして、方言クイズを作成する。

3　朝の会や帰りの会などで何人かずつ出題し、みんなで考える。

［ポイント及び解説］

＊方言に慣れ親しむと同時に、方言の背景にあるその地域の人々の考え方や大切にしてきたことなどに気づけるようにするための活動です。

＊日にちごとに出題担当者を数人決めておくとよいでしょう。

おわりに

「はじめに」でも述べましたが、本書の執筆現在（２０２３年）、私が最も多く担任したのが5年生です。ですから、豊富な実践例を基に、時には一つの指導例だけでなく、複数の指導パターンを読者の先生方に提示することができました。この点は本書の強みだと思います。

本書では、今までのシリーズと同じように、国語科授業を通して子ども達を育てる指導についてご紹介しました。国語授業は、子ども達の言葉の力を育むだけでなく、学力の基礎をつくり、学習に取り組む姿勢など、他教科の指導や学級づくりにまで大きな影響を及ぼします。

私の専門は「読むこと」の指導ですが、正直な話、「読むこと」の授業に力を入れるだけでは子どもの成長は限られてしまいます。「話すこと・聞くこと」「書くこと」「読むこと」「漢字・言葉」など国語科のあらゆる領域で確かな指導をしてこそ、子ども達の国語力はバランスよく伸びますし、多くの子の意欲を引き出すことができるのです。子どもによって、「書くこと」が得意な子もいれば「漢字」が得意な子もいて当然です。教師が多くの領域をカバーしていれば、多くの子たちの意欲を引き出し、活躍させていくことができるのです。教壇に立ち、このことを改めて痛感する毎日です。本書が、お読みいただいた先生方のクラスの子ども達の成長の一助になることを願ってやみません。

本書執筆に当たり、またしても明治図書 林知里さんにはご尽力いただきました。この場をお借りして御礼申し上げます。ありがとうございました。

土居　正博

参考文献

石井光太（2022）『ルポ 誰が国語力を殺すのか』文藝春秋
石丸憲一編、東京・国語教育探究の会著（2020）『小学校国語科　考えの形成を促す文学の発問・交流モデル』明治図書
犬塚美輪（2012）「国語教育における自己調整学習」『自己調整学習』自己調整学習研究会編、pp.137-156　北大路書房
井上尚美（1983）『国語の授業方法論―発問・評価・文章分析の基礎』一光社
井上尚美（2005）『国語教師の力量を高める―発問・評価・文章分析の基礎』明治図書
大河内祐子（2001）「文章理解における方略とメタ認知」大村彰道監修『文章理解の心理学　認知、発達、教育の広がりの中で』北大路書房
大村はま（1994）『教育をいきいきと102』ちくま学芸文庫
荻布優子・川崎聡大（2016）「基礎的学習スキルと学力の関連―学力に影響を及ぼす因子の検討：第一報―」『教育情報研究』第32巻3号 日本教育情報学会、pp.41-46
吉川芳則（2017）『論理的思考力を育てる！　批判的読みの授業づくり』明治図書
香西秀信（1995）『反論の技術―その意義と訓練方法』明治図書
杉澤陽太郎（2000）『現代文の朗読術入門』ＮＨＫ出版
西郷竹彦（1991）『ものの見方・考え方―教育的認識論入門』明治図書
自己調整学習研究会編（2012）『自己調整学習』北大路書房
髙橋麻衣子（2013）「人はなぜ音読をするのか―読み能力の発達における音読の役割―」『教育心理学研究』第61巻1号 日本教育心理学会、pp.95-111

田中実・須貝千里編（2001）『文学の力×教材の力　小学校編　5年』教育出版
土居正博（2020）『「繰り返し」で子どもを育てる　国語科基礎力トレーニング』東洋館出版社
土居正博（2020）「小学校説明的文章指導における既有知識の再構成を促す発問の研究―「否定発問」を中心に―」『国語科学習デザイン』第2巻第2号、pp.1-11
土居正博（2021）「小学校における学習者の意欲を喚起し漢字運用力に培う漢字テストの実践的検討」『国語科教育』第90巻　全国大学国語教育学会、pp.53-60
土居正博（2023）『国語授業の常識を疑え！』東洋館出版社
長崎伸仁（1992）『説明的文章の読みの系統』素人社
長崎伸仁編著（2008）『表現力を鍛える説明文の授業』明治図書
長崎伸仁・石丸憲一編著（2010）『表現力を鍛える文学の授業』明治図書
長崎伸仁監修、香月正登・上山伸幸編著、国語教育探究の会（2018）『対話力がぐんぐん伸びる！　文字化資料・振り返り活動でつくる小学校国語科「話し合い」の授業』明治図書
野口芳宏（1998）『野口流・国語学力形成法』明治図書
野口芳宏（2001）『音声言語の学力形成技法』明治図書
野口芳宏（2005）『作文力を伸ばす、鍛える』明治図書
深澤久（2009）『鍛え・育てる　教師よ！「哲学」を持て』日本標準
藤原与一（1965）『国語教育の技術と精神』新光閣書店
堀裕嗣・研究集団ことのは（2002）『聞き方スキルを鍛える授業づくり』明治図書
堀裕嗣（2016）『国語科授業づくり10の原理・100の言語技術』明治図書
平成29年告示学習指導要領　及び解説（国語）

【著者紹介】

土居　正博（どい　まさひろ）

1988年，東京都八王子市生まれ。創価大学教職大学院修了。川崎市公立小学校に勤務。国語教育探究の会会員（東京支部）。全国大学国語教育学会会員。国語科学習デザイン学会会員。全国国語授業研究会監事。教育サークル「深澤道場」所属。教育サークル KYOSO's 代表。2018年，読売教育賞受賞。2023年，博報賞（奨励賞）受賞。

著書に，『クラス全員が熱心に取り組む！漢字指導法』『クラス全員のやる気が高まる！音読指導法』『１年生担任のための国語科指導法』『新卒３年目からグイッと飛躍したい！教師のための心得』『初任者でもバリバリ活躍したい！教師のための心得』（いずれも明治図書），『教師の NG 思考』（東洋館出版社），『指示の技術』（学陽書房）など多数。『国語科教育』90巻（2021年）に「小学校における学習者の意欲を喚起し漢字運用力に培う漢字テストの実践的検討――「他用例書き込み」漢字小テスト実践の分析を手がかりに――」が採録。

クラス全員が力を発揮する！
５年生担任のための国語科指導法
―互いに高め合う学級集団で学力を伸ばす―

2024年４月初版第１刷刊 ©著　者　土　居　正　博
発行者　藤　原　光　政
発行所　明治図書出版株式会社
http://www.meijitosho.co.jp
（企画）林　知里（校正）西浦実夏
〒114-0023　東京都北区滝野川7-46-1
振替00160-5-151318　電話03(5907)6703
ご注文窓口　電話03(5907)6668

＊検印省略　組版所　朝日メディアインターナショナル株式会社

Printed in Japan　ISBN978-4-18-200537-4

もれなくクーポンがもらえる！読者アンケートはこちらから
→